Heino Kebschull, Johannes Weinberg
Hans Tietgens. Eine Spurensuche 1922 bis 1958

Heino Kebschull, Johannes Weinberg

Hans Tietgens

Eine Spurensuche 1922 bis 1958

www.tredition.de

Heino Kebschull, Johannes Weinberg
Hans Tietgens. Eine Spurensuche 1922 bis 1958

© 2012 Heino Kebschull/Johannes Weinberg

Umschlaggestaltung: tredition Gmbh/H. Kuritz
Layout: H. Kuritz, Freital

Verlag: tredition GmbH, Mittelweg 177, 20148 Hamburg
Printed in Germany

ISBN: 978-3-8472-8612-7

Bibliografische Information der Deutschen Nationalbibliothek:
Die Deutsche Nationalbibliothek verzeichnet diese Publikation in der Deutschen Nationalbibliografie; detaillierte bibliografische Daten sind im Internet über http://dnb.d-nb.de abrufbar.

Inhaltsverzeichnis

Vorwort

Prof. Dr. Hans Tietgens (1922–2009) ist 1960–1992 Leiter der Pädagogischen Arbeitsstelle des Deutschen Volkshochschulverbandes in Frankfurt am Main gewesen. Während dieser Zeit war er ein wirkungsmächtiger wissenschaftlicher Publizist und Impulsgeber für die Sache der Volkshochschulen und der öffentlichen Erwachsenenbildung in der alten Bundesrepublik Deutschland. Dieser Lebensleistung wurde auf einem wissenschaftlichen Symposion im Herbst 2009 an der Humboldt Universität zu Berlin gedacht. (W. Gieseke/J. Ludwig (Hrsg.): Hans Tietgens. Ein Leben für die Erwachsenenbildung. Theoretiker und Gestalter in der zweiten Hälfte des 20. Jahrhunderts. Dokumentation des Kolloquiums am 23.10.2009. Berlin 2010. ISSN 1615-7222)

Angeregt durch Gespräche im „Arbeitskreis zur Geschichte der Erwachsenenbildung" auf seiner Konferenz in Bonn im Herbst 2011 haben wir versucht der Frage nachzugehen, wer Hans Tietgens vor seiner Zeit als Leiter der Pädagogischen Arbeitsstelle gewesen ist. Das Ergebnis unserer Spurensuche legen wir hiermit vor. Auf der Grundlage dessen, was wir in schriftlichen Unterlagen gefunden, in Gesprächen mit seiner Frau Eva mitgeteilt bekommen haben und als ehemalige Kollegen aus langjährigen Kontakten mit ihm wissen, wollten wir keine Biographie über den jungen Hans Tietgens schreiben. Vielleicht aber, so unsere Idee, ließe sich etwas über seinen Werdegang aufschreiben, der ihn schließlich zur Pädagogischen Arbeitsstelle geführt hat.

Wir danken denjenigen, die uns in den verschiedenen Archiven und Bibliotheken, in der Volkshochschule Hamburg und der Heimvolkshochschule Hustedt bei unseren Recherchen unterstützten. Vor allem aber danken wir Eva Tietgens, die uns gestattet hat, die personbezogenen Akten von Hans Tietgens einzusehen und von ihr bereitwillig erlangte Auskünfte aus Gesprächen und Briefen in unsere Arbeit einzubeziehen.

Heino Kebschull   *Johannes Weinberg*

Teil I
Zu Hans Tietgens 1922–1952

Aufwachsen in Langenberg

Hans, Friedrich, Hermann Tietgens (HT) wurde am 17. 5. 1922 in Langenberg (Rheinland) als Sohn des Stadtinspektors Hermann Tietgens und dessen Ehefrau Berta geb. Gottschalk geboren.[1]

In Langenberg hat HT von Ostern 1928 bis April 1932 die Volksschule besucht. Ab April 1932 war er Schüler des damaligen Reformgymnasiums, später umbenannt in Oberschule für Jungen. Hier hat er nach der Gabelung in eine naturwissenschaftliche und sprachliche Abteilung in der Oberstufe der sprachlichen Abteilung angehört und mit dem Reifezeugnis vom 1.3.1940 das Abitur gemacht. Von 1936 – 1940 war er Mitglied der Hitlerjugend. Als Sohn eines Beamten hat es sich um eine Pflichtmitgliedschaft gehandelt.[2]

Während unserer gemeinsamen Arbeit in der Pädagogischen Arbeitsstelle des Deutschen Volkshochschulverbandes (PAS/DVV) hat HT gerne davon erzählt, wie er nach Errichtung des Sendemastes Langenberg zusammen mit seinem Vater die sonntäglichen Fußballreportagen gehört hat. Das geschah mit Hilfe eines Detektors, den der Vater zusammengebaut hatte, und den dazugehörigen Kopfhörern. Älter geworden lief er Sonntag für Sonntag über die Höhen und Täler des Bergischen Landes zu den ihn interessierenden Bezirks- und Landesligaspielen. Sowohl seine Fußballbegeisterung als auch seine Wanderlust hat er später als Erwachsener beibehalten.

---

[1] Diese und die weiteren Personendaten finden sich, wenn nicht anders vermerkt, im Universitätsarchiv Münster (Karteikarte Hans Tietgens) und im Universitätsarchiv Bonn (Immatrikulationsakte Hans Tietgens)
[2] Mitteilung H. Kebschull

So konnte es geschehen, dass die in den 1960er Jahren jeweils am Mittwoch stattfindenden Bürobesprechungen in der PAS damit begannen, dass HT und Hans Müller, der andere Fußballfan in unserem Team, sich kurz und für Außenstehende nicht nachvollziehbar über die letzten Spiele der für sie wichtigen Vereinsmannschaften austauschten.

Seine Wanderlust haben viele erlebt, die ihn kannten. Allen voran seine Frau Eva. Sie schreibt aus der Rückschau in einem Brief: „Zu seinen Urlaubsgewohnheiten gehörte ein zehnmaliger Besuch in Huzenbach (zwischen Baierbronn und Schönmunzbach) oberhalb des Murgtales im Nordschwarzwald. ... Tagsüber `wanderten wir rund´ bis zu sechs Stunden, eingeschlossen ein Stück Schwarzwälder Torte und ein Kännchen Kaffee. Das eroberte Gebiet wurde abends in die Karte eingetragen. ...Er lief immer voraus, hielt den Kontakt immer durch `Schleifen´. Dass ich unterwegs sehr gerne Pilze und Himbeeren sammelte, fand er unnötig, ließ sich aber die damit bereiteten Mahlzeiten schmecken."[3]

Aber große Spaziergänge wurden nicht nur im Urlaub unternommen. Wie ich von ihm weiß, machte er in Eschborn, wo er mit Frau und Kindern wohnte, an jedem Sonntagvormittag, wenn er nicht auf Reisen war, lange Spaziergänge in der hügeligen Landschaft des Vordertaunus. Sich fußgängerisch zu bewegen, war für ihn eine animative Tätigkeit. Als wir uns auf das Buch „Erwachsene im Feld des Lehrens und Lernens" vorbereiteten, haben wir ein- oder zweimal von einem Rastplatz an der Autobahn aus im hessischen Mittelgebirge lange Spaziergänge gemacht und dabei aus unseren Lesefrüchten Ideenstücke für das Buch entworfen.

Doch zurück nach Langenberg.

Zu seinem familiären Herkunftsmilieu und seiner geistig-seelischen Verfassung als Jugendlicher hat er sich rückblickend im

---

[3] Brief Eva Tietgens an H. Kebschull (Privatarchiv Kebschull)

Jahr 1987 geäußert.[4] Daraus ergibt sich ein Selbstbild, das etwas von der Innenseite des später so bekannt gewordenen Leiters der PAS erkennbar macht.

Zum familiären Milieu und seiner eigenen seelischen Disposition als Jugendlicher äußert er sich folgendermaßen: „Das Elternhaus habe ich immer als typisch kleinbürgerlich dargestellt. Ein kleiner preußischer Kommunalbeamter, wo es auch strittig war, ob der einzige Sohn – aber vielleicht weil er der einzige war – aufs Gymnasium gehen sollte, aber der dann konnte und durfte."

Ausführlicher als dieser karge Hinweis auf die milieubedingte Mentalität in der Familie äußert er sich über seine eigene seelische Verfassung: „ Ich war Einzelkind und meine Mutter ist bei meiner Geburt gestorben. Und ich habe mich eigentlich immer nicht so ganz dazugehörig gefühlt, habe mir immer meine eigene Welt gebaut."

Er war also, umgangssprachlich formuliert, ein Einzelgänger mit einer ganz eigenen Gedankenwelt, die er wie die folgende Gesprächspassage zeigt, bewusst schützen wollte, was in der Schule zur Ausbildung eines eigenen Sprach- und Schreibstils führte. Worin der bestand, wird von HT ausführlich beschrieben:

„Abgefärbt hat aus dieser Zeit (der Schulzeit in der Oberschule J. W.) wohl – das sage ich jetzt auf der Basis von Gesprächen mit Dritten darüber – die Sprache, die Doppeldeutigkeit meiner Sprache, die oft zitiert und kritisiert wird. Die habe ich als Schüler schon gelernt, weil man Aufsätze schreiben musste über `Individuum und Gemeinschaft´ oder ähnliches und ich persönliche Mei-

---

[4] Willi B. Gierke/Uta Loeber-Pautsch, Gespräch mit Prof. Dr. Hans Tietgens in der Pädagogischen Arbeitsstelle des DVV in Frankfurt am 19. September 1987, 48 S. Original im Archiv für Erwachsenenbildung , Wolfgang – Schulenberg – Institut für Bildungsforschung und Erwachsenenbildung , Ammerländer Heerstraße 121, 26129 Oldenburg. Kopien in den Privatarchiven von H. Kebschull und J. Weinberg, sowie im DIE-Archiv in Bonn. Abkürzung im laufenden Text: Zeitzeugengespräch.

nungen zu solchen Themen hatte – nicht aus bewusster Kritik an dem herrschenden System sondern aus einer rituellen Außenseiterstellung, einer introvertierten Einstellung heraus. Aber ich wusste genau, wenn ich meine Meinung so schreiben würde, gäbe es Schwierigkeiten. Ich habe sozusagen schon in Schulaufsätzen eine Form gefunden, mir selbst treu zu bleiben und trotzdem durchzukommen. Und von diesem Stil ist bis auf den heutigen Tag etwas erhalten geblieben."

Münster, Griechenland, Langenberg

Unmittelbar nach dem Abitur ist HT zum Reichsarbeitsdienst (RAD) eingezogen worden, nachdem er bereits vorher am 4.10.1939 gemustert und ihm der Wehrpass am 12.3.1940 ausgestellt worden war. (Wehrpass-Nr. Mettmann 22/13/2/7) Dem RAD mit Standort in Ferndorf (Kreis Siegen) hat er vom 29.4. bis 31.8.1940 angehört. Mit dieser im Kreis Siegen stationierten RAD-Einheit hat er als Arbeitsmann den Frankreichfeldzug mitgemacht. Zum 1.9.1940 wurde er aus dem RAD zum Studium entlassen.

Am 10.9.1940 wurde HT an der Universität Münster immatrikuliert. E r gehörte der phil. nat. Fakultät an, darin der Fachgruppe Kulturwissenschaft und der Fachschaft Geschichte. Als Student in Münster hat er dem Nationalsozialistischen Deutschen Studentenbund (NSDStB) vom 1.10. 1940 bis 1.10.1941 angehört. Das Studium in Münster wurde am 9.10.1941 durch die Einberufung zum Wehrdienst (Luftmeldetruppe) beendet. Nach der Ausbildung kam HT mit seiner Luftmeldeeinheit nach Griechenland. Im Winter 1944/45 wurde seine Einheit nach der Niederlage der deutschen Wehrmacht an der griechischen Südfront im Westen eingesetzt. Dort kam er am 14.4.1945 in US-amerikanische Gefangenschaft, aus der er am 21.5.1945 entlassen wurde. Damit endete sein Wehrdienst.[5]

---

[5] Karteikarte H. Tietgens im Universitätsarchiv Münster, Fragebogen der Militärregierung in Exmatrikulationsakte H. Tietgens in Universitäts-

Über diese chronikalischen Daten hinaus gibt es nur wenige Informationen, aus denen hervorgeht, was HT zwischen Abitur und Entlassung aus der US-amerikanischen Gefangenschaft erlebt hat. Dazu gehören bruchstückhafte Informationen über das Studium in Münster und die Zeit als Soldat in Griechenland. Es handelt sich um Informationen aus der Erinnerung von HT selber und seiner Frau Eva.[6]

Die Übersiedlung nach Münster, wo er zur Untermiete in der Siverdesstraße 19 wohnte,[7] und der Beginn des Studiums sind für ihn so etwas wie der Start in ein neues Lebe gewesen. Im Zeitzeugengespräch heißt es, ich „bin mit den ersten Semestern meines Studiums, d.h. damals waren es Trimester, überhaupt erst in die ʽWeltʼ gekommen, habe das Glück gehabt, da auf Menschen zu treffen, die auch in Distanz zum bestehenden System waren, nicht im Sinne des Widerstands aber im Sinne der Resistenz, um die Unterscheidung von Broszat.[8] aufzunehmen."

Mit den Menschen, die gegenüber dem bestehenden politischen System Vorbehalte hatten und pflegten, sind auf jeden Fall Studentinnen und Studenten gemeint. Sie lasen und diskutierten Bücher von Autoren, die als lohnenswert galten. Eine wichtige Rolle scheint eine kulturell eher großbürgerliche und übernational orientierte Clique gespielt zu haben. Die traf sich von Zeit zu Zeit in Osnabrück. Das hat mir HT erzählt als wir in den 1980er Jahren am Rande einer Vorstandssitzung des DVV durch Münster gelaufen sind u. a. zum Fürstenberghaus, in dem seinerzeit die Germanistik residierte und in dessen Innenhof sich die Studierenden zwischen den Vorlesungen zu treffen pflegten. Zu den Autoren, die

---

archiv Bonn; H. Kebschull, Notizen zu Gesprächen mit Eva Tietgens Winter 2010/2011.
[6] S. Zeitzeugengespräch u. H. Kebschull a. a. O.
[7] S. Karteikarte H. Tietgens, Universitätsarchiv Münster.
[8] Gemeint ist der Zeithistoriker Martin Broszat.

zu lesen als lohnenswert galt, habe auch Peter Wust[9] gehört. Zu den Professoren, die HT in Münster nachhaltig beeindruckt haben, hätten der Germanist Günter Müller und der Sprachwissenschaftler Jost Trier gehört, hat er an anderer Stelle mitgeteilt.[10]

Letztere Mitteilung ist aus dem Lebenslauf genommen, den HT im Herbst 1945 für die Bewerbung zum Studium in Bonn geschrieben hat. In unserem Zusammenhang ist aufschlussreich wie in diesem Lebenslauf die Zeit „im Senderaum" bei der Luftmeldetruppe in Griechenland charakterisiert wird nämlich nicht als Bruch mit der Münsteraner Lebenswelt. Er schreibt: „Später (nach den drei Trimestern in Münster J.W.) hatte ich noch während eines Aufenthalts in Athen neben dem anschaulichen Erlebnis der antiken Welt Gelegenheit, meine besonderen literarischen und theaterwissenschaftlichen Interessen mit Hilfe von Berufsförderungskursen nachzugehen."[11]

Worum es sich bei dieser „Berufsförderung" gehandelt hat, hat HT rückblickend im Zeitzeugengespräch folgendermaßen beschrieben: „... und habe das Glück gehabt, mich während des Krieges durchzuwinden als Obergefreiter in Griechenland, bei den Luftnachrichten. Da war wieder relativ viel Privates möglich, sich rauszuhalten und sich seine eigenen Gedanken zu machen, zu lesen, was man gerade noch lesen konnte. Es gab im Übrigen während dieses Krieges eine Studentenförderung. Professoren sind nach Athen gekommen, Institute haben Fernstudienmaterial, würde man heute sagen, erstellt. So habe ich eigentlich während der ganzen Kriegszeit mich immer mit dem Kopf bewegen können und bin dann nach kurzer Kriegsgefangenschaft, praktisch nach

---

[9] Peter Wust war ein katholischer Existenzphilosoph in Münster. Ein kennzeichnender Buchtitel ist „Erkenntnis und Wagnis" (1973). J. Mittelstraß, Hrsg.; Enzyklopädie Philosophie und Wissenschaftstheorie Bd.4, 1996, S. 787-788.

[10] S. Lebenslauf H. Tietgens in Exmatrikulationsakte Universitätsarchiv Bonn

[11] Lebenslauf a. a. O.

vier Wochen, nach Hause gekommen. Und das war für mich die –
d. h. die Gefangenschaft war es eigentlich schon – die Befreiung."

Doch bevor HT in Kriegsgefangenschaft kam, wurde die Luftnachrichtentruppe aus Griechenland evakuiert. Das war am 12.10.1944. Zu den Modalitäten dieses Rückzugs hat mir HT bei irgendeiner Gelegenheit gesagt, das sei das schrecklichste Erlebnis seines Lebens gewesen. Auf LKWs sei es vom Mittelmeer Richtung Norden durchs Gebirge, das griechische und jugoslawische Partisanengebiet gegangen. Das Schreckliche sei nicht nur die Partisanengefahr gewesen sondern die ständige Gefahr, auf den schmalen eng geführten Serpentinen mit dem LKW abzustürzen. Als er das erzählte, wusste er, dass auch ich alles meide, wo ich schwindelig oder seekrank werde.

Nicht wirklich sicher ist, ob er wie Eva Tietgens in einem Gespräch mit H. Kebschull mitgeteilt hat, in der Nähe von Wien in Kriegsgefangenschaft gekommen ist. Von wo aus er nach vierwöchiger Gefangenschaft nach Langenberg entlassen worden ist, ist ebenfalls nicht bekannt.

Der Aufenthalt in Langenberg bei seiner Familie war nur von kurzer Dauer. Im Fragebogen der Militärregierung finden sich dazu die entsprechenden Angaben. In der Rubrik, in der nach den bisherigen Einkünften gefragt wird, stehen die folgenden Angaben: 1943, Obergefreitengehalt 225,--Reichsmark (RM); 1944, Obergefreitengehalt 900,-- RM; 1945 Vergütung als Hilfsangestellter 500,-- RM. Diese Tätigkeit als Hilfsangestellter fand in der Zeit nach seiner Rückkehr zu seiner Familie statt. Vom 10.7.-31.10.1945 war HT bei der Stadtverwaltung Langenberg angestellt und zwar als Hilfsangestellter bei der Stadtsparkasse. Er beendete diese Tätigkeit wegen Wiederaufnahme des Studiums. Dazu ging er nicht nach Münster sondern nach Bonn.

Studienzeit und Promotion in Bonn

Die äußeren Daten der Studienjahre in Bonn bis zur Promotion im Jahr 1952 können den schon mehrfach herangezogenen Quellen entnommen werden. Das sind der für die Immatrikulation be-

nötigte Antrag sowie die dazugehörige Karteikarte, der handge-
schriebene Lebenslauf und der ausgefüllte Fragebogen der Militärregierung.[12] Immatrikuliert war HT an der Universität Bonn für
das Fach Germanistik vom 25.11.1945 bis 31.11. 1952 für das
Fach Germanistik. Als Studienziel gab er im Lebenslauf „Anwärter
auf das Höhere Lehramt" an oder „einen wissenschaftlichen Beruf
im Verlagswesen oder im Bibliotheksdienst".

Während der sieben Jahre in Bonn hat sich HT dreimal semes-
terweise beurlauben lassen. Als Begründungen wurden Arbeit in
einem Verlag und Vorbereitung der Promotion angegeben. Wohn-
adresse laut Karteikarte im Universitätsarchiv war Loerstraße 15
bei Dr. Reinhardt. Das stimmt nicht mit späteren Auskünften von
Eva Tietgens überein, wonach er in Bonn zusammen mit Dieter
Schuster in einer Doppelkoje in dem zu einem Wohnbunker um-
gewidmeten Hochbunker gewohnt hat.[13] Vermutlich hat sich HT
nach kurzer Zeit in Bonn im Hochbunker untergebracht, sobald
ein Platz frei war, denn die Plätze waren billig und deshalb be-
gehrt. Das war noch am Ende der 1950er Jahre so, als ich in Bonn
studiert habe. HT arbeitete zeitweise beim Wach- und Schließ-
dienst, wo er einen Teil der Nachtstunden fürs Lesen und Schreiben nutzen konnte wie er mir irgendwann erzählt hat. Ebenfalls
aus Mitteilungen von Eva Tietgens[14] ist bekannt, dass HT „als freier Mitarbeiter bei mehreren Zeitungen, literarischen Zeitschriften,
im Pressearchiv der SPD aber auch an der Volkshochschule gearbeitet hat".

Auf Professoren, bei denen er vorzugsweise studiert hat und
auf Kristallisationspunkte seines Studierinteresses und die Moda-

---

[12] s. Exmatrikulationsakte H. Tietgens Universitätsarchiv Bonn.
[13] Notiz H. Kebschull nach Korrespondenz und Gesprächen mit Eva Tietgens. Dr. Dieter Schuster ist später Bibliothekar und Wissenschaftler im
DGB-Bundesvorstand gewesen.
[14] a .a. O.

litäten des Studierens hat HT in den 1980 Jahren hingewiesen.[15] Zu den Professoren, bei denen er neben seinem Doktorvater Günter Müller studiert hat, gehörten der Kunsthistoriker Heinrich Lützeler und der Philosoph Erich Rothacker. Im Übrigen so betont er, war das selbstbestimmte Studieren in kleinen Gruppen wichtiger als die Beschäftigung mit bestimmten fachlich geprägten Themen oder von Autoritäten vorgegebenen Fragestellungen.

Dramaturgischer Arbeitskreis an der Universität

Das geisteswissenschaftliche Studieren gab die Gelegenheit, dieses den eigenen Neigungen entsprechend zu tun. Das Lehrangebot bot dafür nur eine geringe Auswahl. So wurde denn durch sehr viel eigene intensive Lektüre, durch Diskussionen in sich selber zusammenfindenden Gruppen die neue Freiheit des Denkens und beharrlichen Diskutierens genutzt.

Für HT standen dabei theaterwissenschaftliche Fragestellungen im Vordergrund. Die wurden intensiv in einer studentischen Theatergruppe erörtert, die in den im Universitätsarchiv lagernden Verwaltungsakten unter der Bezeichnung „Dramaturgischer Arbeitskreis" firmiert.[16] Der existierte seit 1949 und bemühte sich seit seiner Gründung bis weit in die 1950er Jahre hinein darum als wissenschaftliche Veranstaltung der Universität anerkannt zu werden. Begründet wurde dies mit dem Fehlen eines thaterwissenschaftlichen Lehrangebots. Geplant waren und realisiert wurden daher neben der Bearbeitung dramaturgischer Gegenwartsprobleme unter der Leitung fortgeschrittener Studenten, Doktoranden oder Assistenten Vorlesungszyklen über aktuelle dramaturgische Themen durch ausgewiesene Praktiker der Thea-

---

[15] S. Zeitzeugengespräch a. a. O.; Hans Tietgens, „Studieren in Bonn nach 1945". In: W. Kuhlmann/D. Böhler (Hrsg.: Kommunikation und Reflexion. Zur Diskussion der Transzendentalpragmatik. Antworten auf K. O. Apel. Frankfurt am Main 1982, S. 720-744

[16] Akten der Studentischen Theatergruppe in Universitätsarchiv Bonn, Sigle UAB UV 69-387

terszene. Dieser wissenschaftliche Anspruch war wohl einer der Gründe, weshalb zwar ständig zu den jährlich in der universitären Sommerpause stattfindenden Erlanger Studententheatertagen gefahren wurde aber die Bonner Gruppe, wie mir HT einmal erzählt hat, dort immer diskutiert jedoch nie etwas aufgeführt habe. Ein Grund dafür obwohl an Aufführungsprojekten gearbeitet wurde, dürfte, neben der starken Disputierlust die wie die Akten ausweisen in studentischen Arbeitskreisen verbreitete Mitgliederfluktuation gewesen sein.

Dass HT sich in diesem Arbeitskreis sehr stark engagiert hat, kann aus der Tatsache geschlossen werden, dass er den Brief des Arbeitskreises am 27.2. 1951 an das Rektorat der Universität als Leiter des Arbeitskreises unterschrieben hat. Wiederum ging es wie schon in früheren Briefen des Arbeitskreises um die „Anerkennung als studentischer Arbeitskreis an der Universität Bonn", was eine kontinuierliche finanzielle Unterstützung zur Folge gehabt hätte.

Begegnung mit der Volkshochschule

Das starke theaterwissenschaftliche Interesse und das Engagement im Dramaturgischen Arbeitskreis der Universität sind für HT vermutlich der Grund gewesen, Verbindung mit der Volkshochschule Bonn aufzunehmen. Hier wurde vom Leiter der Volkshochschule Dr. Gert Schroers im Arbeitsplan der Volkshochschule für das „1. Dritteljahr 1948" d. i. „9.2.-30.4. 1948" in der Rubrik „Theater" eine Vortragsreihe angekündigt mit dem Titel „Der Spielplan an den Bonner Bühnen. Einführung in die angekündigten Werke." Ergänzend dazu wurde ein „Gesprächskreis" angeboten unter dem Titel „Die Bonner Bühnen kritisch besprochen". In der ausführlichen Erläuterung dazu wurde damit geworben, dass an dem Gesprächskreis Experten teilnehmen und jeder Interessierte natürlich dazu eingeladen ist.[17] Wie die Arbeitspläne der folgenden Trimester und Jahre erkennen lassen, gehörten dieser Gesprächskreis und die Einführung in den Spielplan der Bonner Bühnen unter wechselnden Titeln auch in Zukunft zum festen Bestandteil des VHS-Angebots. Als Leiter dieser Veranstaltungen firmierte ausschließlich Dr. Gert Schroers.

Da HT im Zeitzeugengespräch am 19.9.1987 erwähnt, sein erster Kursus, den er an einer Volkshochschule geleitet habe, sei der Theatergesprächskreis an der VHS Bonn gewesen, stellt sich die Frage, warum sein Name als Leiter des Theatergesprächskreises in den Arbeitsplänen der VHS Bonn nicht auftaucht. In der entsprechenden Passage des Zeitzeugengesprächs ist von seinen Tätigkeiten außerhalb des Studiums die Rede. HT sagt:

„Ich habe zeitweilig etwas für Verlage gemacht, redaktionell-technische Sachen, habe journalistisch gearbeitet und zwar ausgelöst durch eine studentische Arbeitsgruppe, einen dramaturgischen Arbeitskreis, den wir gegründet haben. Nebenher ging ich in den Theatergesprächskreis der Volkshochschule in Bonn. Als dessen Leiter, Dr. Schroers, der dann Kulturdezernent wurde, sagte:

So, jetzt haben Sie so viel geredet und gemeckert in dem Kreis, nun machen Sie´s mal selber. Das war also mein erster Kurs, der Theatergesprächskreis."[18] Diese Formulierung legt die Vermutung nahe, dass HT ganz einfach hin und wieder Dr. Schroers vertreten hat. Nachweisen lässt sich indes die Leitung eines anderen Studienkreises. Dessen Ankündigung lautete folgendermaßen:

„Vom Wesen des Films". „Leiter des Studienkreises: Dr. Hans Tietgens". Er soll 14-täg. Montags, 19.30 Uhr in der Bildungsstätte Wilhelmstraße 34" stattfinden. „Am 22. Okt., 5., 19. Nov., 3. Dez. 1951, 7., 21. Jan., 4., 18., Febr. 1952."

---

[17] Diese und die folgenden Angaben sind den Arbeitsplänen der VHS Bonn im Arbeitsplanarchiv des DIE-Archivs entnommen.
[18] Zeitzeugengespräch, a. a. O.

Die Erläuterung dazu macht die Intentionen des Studienkreis-
leiters kenntlich und damit auch das, was die Teilnehmer und
Teilnehmerinnen erwarten können:

„Eingehende Beschäftigung mit den ästhetischen und soziologischen Problemen der Filmkunst und des Filmschaffens – Film-
wertung – technische Voraussetzungen und Praxis der Filmher-
stellung – Filmeigene Ausdrucksgesetze und psychologische Betrachtung der Filmwirkung. Zu den Vorträgen und Diskussionen
werden Fachleute eingeladen."[19]

Im Nachhinein lässt sich nicht mehr feststellen, wie umfangreich die Kursleitertätigkeit von HT an der VHS Bonn gewesen ist.
Unbenommen davon steht jedoch fest, dass die Verbindung mit
Gert Schroers bei HT einen lang anhaltenden Eindruck hinterlas-
sen hat. Mir gegenüber hat HT einmal sehr nachdrücklich auf Gert
Schroers (GS) als den Volkshochschulmenschen hingewiesen, an
dem er gesehen habe, dass Erwachsenenbildung an der Volkshochschule eine sinnvolle Tätigkeit sein könnte. Das was er an GS
geschätzt und ihn wohl auch stark beeinflusst hat, hat HT in den
Artikel zu GS im Handwörterbuch der Erwachsenenbildung hin-
eingeschrieben:

„S. gehört zu den wenigen Repräsentanten der Erwachsenenbildung, die sich gleichermaßen intensiv Fragen ihrer gesellschaft-

---

[19] Die Wahl des Themas und die Erläuterung der damit verbundenen Intentionen zeigen den Einfluss des von HT hochgeschätzten Theaterschrift-
stellers, -machers und Widerstandskämpfers Günter Weisenborn. Der vertrat eine Wirkungsästhetik, die nicht mehr auf die Wirkungskraft der in
der bürgerlichen Tradition stehenden Themen , Kunstformen und Aus-
drucksmöglichkeiten setzte, sondern eine „ortlose Dramaturgie", die die
Menschen in ihrer Verflochtenheit mit der brüchigen Lebenspraxis dar-
stellt und anspricht. (L. Fischer , Literatur in der Bundesrepublik Deutschland bis 1967. München, Wien 1986. S. 514; F. Lennartz, Die Dichter unsere Zeit. Stuttgart 1952. (5. Aufl.) S. 538-541; W. Barner (Hrsg.) Geschichte der deutschen Literatur 1945 bis zur Gegenwart. München 1994,
S. 109 ff.

lich-philosophischen Begründung, ihrer spezifischen Methoden und ihrer administrativ-organisatorischen Verankerung zugewandt haben. Kultur und Bildung erscheinen S. als eine Einheit, ohne dass darüber der Blick für die Alltagsbedürfnisse potentieller Teilnehmer verloren gegangen wäre."[20]

Deisfelder Gruppe

Ebenfalls in die Zeit als Student in Bonn fällt die Begegnung mit der „Bundesarbeitsgemeinschaft `Student und Erwachsenenbildung'" auch Deisfelder Gruppe genannt, die seit dem Anfang der 1950er Jahre ausgehend vom Seminar für Erwachsenenbildung an der Universität Frankfurt am Main entstanden war.[21] Über seine Begegnung mit der Deisfelder Gruppe hat HT aus der Erinnerung in dem schon mehrfach zitierten Zeitzeugengespräch ausführlich Auskunft gegeben:

„Da kam ein Brief aus Frankfurt an den ASTA: Wir machen eine Tagung „Student und Erwachsenenbildung" und der ASTA möge jemanden benennen. Das haben die an die beiden weitergegeben, von denen sie zufälliger- und glücklicherweise wussten, dass sie sich mit Erwachsenenbildung befassten, und das waren Wilfried Böll[22] und ich. Das war '51. Diese Veranstaltung war in der Diözesanbildungsstätte Hardehausen – die ist heute noch gut bekannt ...

---

[20] G. Wolgast J H. Knoll Hrsg.) Biographisches Wörterbuch der Erwachsenenbildung. Stuttgart, Bonn 1986, S. 350.

[21] Von dieser Bundesarbeitsgemeinschaft liegt im DIE-Archiv, Bonn (Sigle I Plml 920) ein umfangreicher Aktenbestand, der detaillierte Informationen über die politische und finanzielle Förderung sowie die Arbeitsweise dieses frühen Projekts zur Nachwuchsgewinnung für die Erwachsenenbildung enthält. Gründer und Leiter der bundesweit d. h. in allen drei westlichen Besatzungszonen agierenden Bundesarbeitsgemeinschaft war K. G. Fischer, der später als Professor für Politikdidaktik bekannt geworden ist.

[22] Wilfried Böll, ein jüngerer Vetter des Schriftstellers Heinrich Böll, war Student in Bonn, hat Kurse an der VHS gegeben und ist beruflich später zum Deutschen Entwicklungsdienst (DEED) gegangen.

Diese Arbeitsgemeinschaft `Student und Erwachsenenbildung´ versuchte, Studenten mit Problemen der Erwachsenenbildung vertraut zu machen, sie zu animieren da mitzuarbeiten. Das ist zumindest an einem Dutzend Universitäten dann auch gelungen diese Gruppe zu bilden. Deisfeld war ein Ort, wo sich die Züge, die von Bremen und Frankfurt kamen, in Nordhessen in der Mitte trafen. Und dann quollen da die jungen Leute aus den Abteilen, wurden auf einen Leiterwagen verfrachtet und fuhren vom Bahnhof, Elmelrod hieß der, nach Deisfeld und da konnten wir dann eine Woche über Erwachsenenbildung nachdenken."

Im weiteren Verlauf des Gesprächs hebt HT auf Nachfrage hervor, dass die Begegnung mit der Deisfelder Gruppe, K.G. Fischer, dem Leiter der Gruppe, und anderen Personen zu den wichtigen Begegnungen für seinen späteren beruflichen Einstieg in die Erwachsenenbildung gehört hat. Im Zeitzeugengespräch heißt es dazu:

„Ich habe fünf Personen, die in der damaligen Zeit in der Erwachsenenbildung eine Rolle gespielt haben, bei verschiedenen Gelegenheiten persönlich kennen gelernt und mit ihnen Gespräche geführt. Und alle fünf haben mich ermuntert, hauptberuflich da tätig zu werden. Das war Fritz Borinski, das war Hermann Vogts in Hamburg und Konrad-Maria Krug, der lange Zeit Vorsitzender des Landesverbandes in Nordrhein-Westfalen war und eben K.G. Fischer mit Gert Schroers."

Obwohl HT in dieser Gesprächspassage den Philosophen Theodor Litt nicht erwähnt, muss dieser ihn doch ebenfalls stark zugunsten der Erwachsenenbildung beeindruckt haben. An anderer Stelle des Gesprächs sagt er wörtlich: „ Ich bin damals in Bonn auf Anregung von Fischer zu Theodor Litt gegangen. Litt war von Leipzig herübergekommen, zeigte sich aber äußerst zurückhaltend, wohl weil er in dieser ersten Zeit in der Bundesrepublik auch ansonsten Kontakte, die er nicht von vornherein überschaute, ablehnte. Er konnte frei, druckreif reden gerade auch über Erwachsenenbildung. Das ist leider soviel ich weiß auch nie richtig festgehalten worden. Damals sind wir eben nicht mit Aufnahmegeräten herumgelaufen und haben so einiges versäumt. Also Reden von Theodor Litt zur Erwachsenenbildung hat es wohl Anfang der fünfziger Jahre mehrere gegeben. Ich erinnere mich an die in Goslar. Da könnte ich mir denken, dass die schon was hergäbe. Aber gedruckt ist eigentlich nur das, was er zur politischen Bildung – damals nannte man es – staatsbürgerliche Bildung – gesagt hat."

Teil II
Hans Tietgens im Sozialistischen Deutschen Studentenbund, in der Heimvolkshochschule Hustedt und im Landesverband der Volkshochschulen Niedersachsen 1952-1958

Vorbemerkungen

Die Konferenz des Arbeitskreises zur Geschichte der Erwachsenenbildung vom 13. bis 16.09.2010 stand unter dem Thema „Erwachsenenbildung zwischen Anspruch und Wirklichkeit – Hans Tietgens zum Gedächtnis." Als am zweiten Konferenztag mein Tischnachbar die Nachrufe zum Tod von HT am 8. Mai 2009 aus der „DIE - Zeitschrift für Erwachsenenbildung" auf den Tisch legte, signalisierten mir die lediglich numerischen Daten aus der am Ende stehenden biographischen Zeitleiste zu seiner Tätigkeit als Bundessekretär des SDS von 1952 bis 1954, seiner Kursleitertätigkeit an den Volkshochschulen Bonn und Hamburg, sowie zu seiner Zeit als Lehrer an der Heimvolkshochschule (HVHS) Hustedt und als Leiter der Pädagogischen Arbeitsstelle (PAS) des Landesverbandes der Volkshochschulen Niedersachsens (LVN) die Aufforderung zur Spurensuche in diesem Zeitraum.

Im Herbst 1959 hatte ich nach Abschluss des Studiums an der Hochschule für Wirtschaft und Politik in Hamburg HT in seiner Eigenschaft als Tutor der Jugendreferenten für politische Bildung des Deutschen Volkshochschul-Verbandes (DVV) in Hannover kennen gelernt, als ich ihn aufsuchte, um mich bei ihm über die Chancen für eine Anstellung im Volkshochschulbereich zu erkunden. Da ich als Knecht, Bergmann und Industriearbeiter in der Zeit von 1949 bis 1955 über eine sechsjährige Teilnehmerpraxis an der ländlichen Volkshochschule (VHS) Gartow und städtischen VHS Gelsenkirchen verfügte, drängte es mich aber mehr in die Leitung einer Volkshochschule als in die Tätigkeit eines Jugendreferenten für politische Bildung. Über den Umweg als Lehrer an der Heimvolkshochschule Aurich von 1960 bis 1962 gelangte ich dann anschließend auch in die Stelle des Leiters der Volkshochschule Leer in der Nachfolge von Carl Schmarbeck, der an die VHS Kiel wechselte. Als Leiter dieser VHS und Direktor des Landesverbandes der Volkshochschulen Niedersachsens ab 1970 pflegte ich vielerlei individuelle dienstliche Kontakte mit HT als dem Leiter der PAS des DVV in Tagungen vieler Gremien des DVV, durch Gespräche und Korrespondenzen und nach seiner Pensionierung auch weiterhin durch Teilnahme an den Tagungen des Arbeitskreises zur Geschichte der Erwachsenenbildung.

Mit HT veranstaltete ich zu Beginn der 70-ger Jahre zwei einwöchige Seminare zur Fortbildung hauptberuflicher Leiter und pädagogischer Mitarbeiter in Hohegeiß im Harz, die nach den damaligen Ausführungsbestimmungen des 1970 in Kraft getretenen Niedersächsischen Erwachsenenbildungsgesetzes für alle Teilnehmer aus dem gesamten Bundesgebiet und Westberlin offen waren und finanziert werden konnten.

Aus meiner Mitgliedschaft im SDS von 1955 bis 1959 und gelegentlichem Rückblick auf dessen Geschichte erwuchs auch das Interesse, Spuren zu HTs Rolle und Tätigkeit im SDS zu suchen. Dafür ließen sich spontan die Quellenangaben zu HT aus Willy Albrecht in: Der Sozialistische Deutsche Studentenbund, 1994, nutzen, um Fotokopien aus dem SDS-Archiv der Friedrich-Ebert-Stiftung und aus dessen Bibliothek die Zeitschrift des SDS „Unser Standpunkt", 1952–1956, als die wichtigsten Quellen für meine Recherchen zu beschaffen. Überrascht hat mich bei deren Lektüre dann insbesondere, wie engagiert und konsequent der in Langenberg im Rheinland geborene Hans Tietgens seine schriftlichen und mündlichen Beiträge zu gesellschafts- und hochschulpolitischen Reformvorstellungen stets grundsätzlich unter das Postulat eines wieder zu vereinigenden Deutschlands stellte. Allerdings war damit aber auch das zentrale politische Profil des SDS dieser Zeit gekennzeichnet, das dann angesichts der ebenso vehement geführten Auseinandersetzung um die Remilitarisierung der Bundesrepublik in den Hintergrund geriet.

Ich erinnere in diesem Zusammenhang, dass 1956/57 an der Hochschule für Sozialwissenschaften in Wilhelmshaven noch eine

Arbeitsgemeinschaft für Gesamtdeutsche Gespräche existierte, deren Sprecherfunktion ich als Angehöriger des Propädeutikums von Hilmar Garms, dem späteren pädagogischen Mitarbeiter der VHS Hannover, Leiter der VHS Schweinfurt und Rektor der Fachhochschule Fulda, übernahm. Die Arbeitsgemeinschaft unterhielt Kontakte mit dem Mittelbau der Ost-Berliner Humboldtuniversität, die zu Veranstaltungen mit gesamtdeutscher Themenstellung im Hochschuldorf Wilhelmshaven-Rüstersiel, an der Humboldtuniversität und in Berlin-Adlershof führten. Mündlichen Berichten zufolge hat der Verfassungsschutz an der Hochschule in Wilhelmshaven um 1960 noch zu den Aktivitäten dieser Arbeitsgemeinschaft recherchiert. Dies erfuhr ich anlässlich eines Telefonats von Franklin Schultheiß 1962 zu Beginn der Spiegelaffäre. Zu dieser Zeit knackte es immer im Telefon zu Beginn eines Gespräches, wenn der Verfassungsschutz mithörte. Wir kannten beide dieses Geräusch und machten uns darüber auch lustig.

Lt. Auskunft der Stasi-Unterlagen-Behörde existiert zu den Aktivitäten dieser Arbeitsgemeinschaft keine Akte, obwohl aufgrund des stets als extrem politisch-ideologisch geprägten Verhaltens der beteiligten ostdeutschen Teilnehmer deren Überwachung durch die Stasi immer als sicher angenommen wurde. Ob im Archiv der Humboldtuniversität hierzu ein Bestand vorhanden ist, wäre im Falle spezifischen Interesses zu erkunden.

Relativ einfach gestalteten sich die Recherchen zu HTs Tätigkeit in der Heimvolkshochschule Hustedt von 1954 bis 1956. Aus der Gründungsphase der Gesellschaft für Bildungsforschung und Erwachsenenbildung und der Errichtung des Archivs für Erwachsenenbildung in Niedersachsen im Wolfgang-Schulenberg-Institut an der Uni Oldenburg war mir seit Mitte der achtziger Jahre bekannt, dass in der Heimvolkshochschule Hustedt ein Bestand zu Hans Tietgens existierte, der nun auch wieder entdeckt und dankenswerterweise per Fotokopie zur Verfügung gestellt wurde. HT, der die Volkshochschule aus seiner freien Mitarbeit in Bonn und Hamburg kennengelernt hatte, begründet in einer dem beruflichen Wechsel nach Hustedt vorausgehenden Korrespondenz sehr konkret, weshalb er nun der Tätigkeit an einer Heimvolkshoch-

schule den Vorzug vor einer Abendvolkshochschule gibt. Den Aus-
schlag dafür dürften persönliche Erfahrungen gegeben haben, die
er in Gladbeck gemacht hatte. Nachdem er sich dort um die Stelle
des Kulturdezernenten beworben hatte, wurde sie aus finanziel-
len Gründen nicht wieder besetzt, wie er berichtete.

Für die Zeit seiner sozialversicherungspflichtigen Tätigkeit im
Landesverband der Volkshochschulen Niedersachsens vom 1.
Februar 1956 bis 31. März 1958 stand keine Akte zur Verfügung.
Da half zunächst die Erinnerung, dass nach Errichtung des Archivs
für Erwachsenenbildung in Niedersachsen in den achtziger Jahren
ein Zeitzeugengespräch mit HT geführt und dokumentiert worden
war. Nach mehreren vergeblichen Anforderungen und Suchaktio-
nen wurde dieses Zeitzeugengespräch schließlich doch in einem
Archivkarton aufgefunden, sodass es als eine erste Quelle für die
inhaltliche Erschließung dieser Zeit genutzt werden konnte.[1] Von
besonderer Bedeutung erscheinen darin sowohl die geschilderte
Charakterisierung der Erfahrungen während seiner Tätigkeit als
Lehrer an der HVHS als auch der Beweggründe für die Annahme
der Lehrerstelle in Hustedt und den Wechsel zum LVN in Hannover. Sie kennzeichnen sein Verständnis der Erwachsenenbildung
auf dem Wege einer Berufssuche nach einem bereits Jahre zurück-
liegenden Studienabschluss und der Promotion im Jahre 1952 und
sind auch der Zukunftsplanung seiner mit Eva Senz am 28. Dezember 1954 in Essen geschlossenen Ehe geschuldet.

Im Frühjahr 2011 gelangten zum Zwecke der archivarischen
Sicherung restliche Altakten des Landesverbandes der Volkshochschulen in meinen Besitz, unter denen sich eine Reihe von Pro-

---

[1] Willi B. Gierke/Uta Loeber-Pautsch, Gespräch mit Prof. Dr. Hans Tietgens in der Pädagogischen Arbeitsstelle des DVV in Frankfurt am 19.
September 1987, 48 S; Archiv für Erwachsenenbildung in Niedersachsen, Wolfgang-Schulenberg-Institut für Bildungsforschung und Erwachsenenbildung, Ammerländer Heerstraße 121, 26129 Oldenburg. Verwand-
te Abkürzungen im laufenden Text: Zeitzeugengespräch bzw. ibe Uni
Oldenburg

grammen und Berichten der von HT als dem Leiter der PAS des LVN entwickelten Mitarbeiterfortbildung befanden. Sie markieren Inhalt und Methode seiner Tätigkeit, lassen jedoch keinerlei Bewertungen der in Niedersachsen vorgefundenen Strukturen der Erwachsenenbildung erkennen und werfen mit dem gleichzeitigen mehrmaligen Wechsel der Verbandsgeschäftsführer während seiner Amtszeit ein Schlaglicht auf die im Verbandsbereich konzeptionell vielleicht nicht hinreichend ausdiskutierte Auswirkung einer Trennung von Verwaltungsorganisation und Pädagogischer Arbeitsstelle für eine innerbetrieblich funktionsfähige Arbeitsorganisation und effektive verbandpolitische Wirksamkeit. Hierzu äußert sich Tietgens weder in dem bereits erwähnten Zeitzeugengespräch noch in den überlieferten Dokumenten und Niederschriften zu Vorstandssitzungen in irgendeiner Weise. Er beschränkt sich vielmehr auf die Wahrnehmung seiner Aufgaben der Mitarbeiterfortbildung in den vorgefundenen Volkshochschulen ohne zum niedersächsischen bildungs- und gesellschaftspolitischen Entwicklungsbedarf der Volkshochschulen Stellung zu beziehen, wie er es vergleichsweise für den sozial- und hochschulpolitischen Reformbedarf Deutschlands während seiner Tätigkeit als Bundesgeschäftsführer des SDS so nachdrücklich getan hatte. Er bezieht dieses Thema auch nicht in den von ihm eigenständig verantworteten Bereich der Mitarbeiterfortbildung ein. Im Zeitzeugengespräch verweist er zwar darauf, dass er mehrfach auch Aufgaben des Geschäftsführers wahrgenommen habe, lässt entgegen der Beurteilung von Paul Steinmetz aber auch darin kein Interesse erkennen, die mehrfach frei gewordene Stelle des Geschäftsführers mit zu übernehmen und damit in Hannover zusammen mit seiner hier berufstätigen Frau eine familiäre Existenzgrundlage zu finden. HT wechselt vielmehr vom LVN, nachdem er hier seit 1957 bereits nebenberuflich die Tutorentätigkeit wahrgenommen hatte, in die hauptberufliche Stelle des Bundestutors für das Jugendreferentenprogramm des DVV mit Hannover als Dienstsitz und kann ab 1960 die im Volkshochschul-, Heimvolkshochschul- und Verbandsbereich gewonnenen Erfahrungen, Personen- und Sachkenntnisse als Leiter der PAS in Frankfurt am Main fernab der Geschäftsstelle des DVV in Bonn nutzen.

Als Bundessekretär des Sozialistischen Deutschen Studentenbundes in Bonn und Hamburg 1952 bis 1954

Von links nach rechts: Albert Pfuhl, Günter Bantzer, Ulrich Lohmar, Claus Arndt, Egon E. Müller

HT wurde ab Juni 1952 Bundessekretär des SDS in Bonn. Vorsitzender war zu dieser Zeit Günther Bantzer, stellv. Vorsitzender Claus Arndt. Im Oktober 1952 wurde in einer Delegiertenkonferenz in Münster Ulrich Lohmar zum Vorsitzenden gewählt, Claus Arndt wieder gewählt und als Beisitzer Günter Bantzer, Albert Pfuhl und Egon Erwin Müller. HT war seit 1948 Mitglied des SDS, seit 1951 der SPD und des DGB.

Neben den Kurzbiographien der Mitglieder erschien aus diesem Anlass ein Foto des neu gewählten Vorstandes in *Unser Standpunkt*, (USt), der Zeitschrift des SDS.[2] Es zeigt sie im damals modischen Zweireiher zu den ihnen gewidmeten Titeln *Primus inter pares* zu Ulrich Lohmar, Spezialist für Hochschulfragen zu Claus Arndt, Der Preuße zu Günter Bantzer, *Gewichtig* zu Albert Pfuhl, *Kein rasender Reporter* zu Egon Erwin Müller. Während Günter Bantzer, Claus Arndt und Hans Tietgens Krieg und Gefangenschaft erlebt hatten, war Ulrich Lohmar Jahrgang 1928, Albert Pfuhl und Egon Erwin Müller 1929.

---

[2] USt, 1952, Nr. 11, S. 6 f.

HTs biographische Skizze ist dort mit *Sekretär und Philosoph* getitelt und zeigt ihn am Schluss in dem nebenstehenden jugendlichen Foto. Zu ihm heißt es u. a.: „Das Temperament von Hans Tietgens kennt keine Grenzen, wenn eine Tagung in unfruchtbare Geschäftsordnungsdebatten abzugleiten droht oder allgemeine Phraseologie getrieben wird. Er ist ein Puritaner im Sprachlichen, der Feind jeden unkorrekten Ausdrucks und nicht zuletzt einer der brillantesten Köpfe

Dr. Hans Tietgens

unserer Organisation ... Er ist seit 1948 Mitglied des SDS, seit 1951 der SPD und des DGB ... Bei Kriegsende ist er immer noch „Reichsobergefreiter" und wer von ihm Näheres über diese Zeit erfahren will, der möge sich mit ihm über seine Stellung zum Wehrbeitrag unterhalten."[3]

---

[3] Die darin durchschimmernde kritische Grundeinstellung zur Remilitarisierung der Bundesrepublik hat HT in der Erinnerung seiner Frau kontinuierlich beibehalten und stets konsequent vertreten. Sein Austritt aus der SPD erfolgte in der Erinnerung von Eva Tietgens auch im Zusammenhang mit einer wehrpolitischen Entscheidung – wahrscheinlich mit dem Nato- Doppelbeschluss von 1979 –, denn am Wohnort Eschborn seien von ihm noch lange Jahre Mitgliedsbeiträge entrichtet und von einem Kassierer persönlich eingeholt worden. Da kein zentrales Mitglieder-Archiv der SPD existiert, hat die Friedrich-Ebert-Stiftung (FES) auf Anfrage in den Beständen der Landesorganisationen Bonn und Hamburg recherchiert, dort aber lt. Mitteilung vom 14.02.2011 keine Mitgliedsunterlagen zu Hans Tietgens gefunden. Ergebnislos verliefen auch die anschließend unternommenen Recherchen im Bezirk Hessen-Süd und die abschließend noch über einen längeren Zeitraum erfolgten Nachforschungen im SPD-

In derselben Ausgabe der SDS-Zeitschrift erschien auch ein Bericht von HT über eine Tagung des SDS zu soziologischen und hochschulpolitischen Themen in Speyer[4], der allein schon zeigt, wie vehement sich Mitglieder des SDS seinerzeit mit hochschul- und gesellschaftspolitischen Grundsatzfragen und gesamtgesellschaftlichen Reformvorstellungen beschäftigten. Von Tietgens ist da gleich eingangs zu lesen: „Noch kämpft die Soziologie um ihre Anerkennung an den deutschen Hochschulen. Die Einrichtung einer Reihe von Lehrstühlen hat noch nichts geändert an dem geringschätzigen Achselzucken bei der Mehrheit unserer Professoren. Antiquierte Maßstäbe bestimmen, was als wissenschaftlich angesehen wird. Und ein unbewusster Selbsterhaltungstrieb spricht dabei mit, denn Auseinandersetzung mit der Soziologie führt am Ende notwendig zur Entlarvung der Ideologien von der Objektivität der Wissenschaft und der Neutralität des Bürgertums ..."

Und gegen Ende des Artikels heißt es dann: „Es kann nicht genügen – wenn es auch notwendig ist –, die soziale Lage der Studierenden und Dozenten zu verbessern ... Es wird darauf ankommen, dass sich die Hochschulen wieder auf ihre Stellung innerhalb der Gesellschaft besinnen. Nur wenn sie aus ihrer Isolation heraustreten und wieder einen echten Kontakt mit der Öffentlichkeit finden, werden sie ihre Aufgabe erfüllen können. Sie müssen ihr Streben nach der Autonomie als ein Wahnbild erkennen ..."

Ortsverein Eschborn, hier besonders „wegen unserer vielen organisatorischen Veränderungen und Austritte in den letzten Jahren."
Eva Tietgens schrieb in diesem Zusammenhang auch: „Zu seiner Tochter sagte er einmal auf ihre Frage, wann er mal so richtig glücklich gewesen wäre: „Wenn man Jahrgang 22 ist, dann kann man das niemals sein."

[4] Der Weg aus der Isolierung, in USt, 1952, Nr. 11, S. 2.
Ein Termin dieser Tagung ist in dem Bericht nicht enthalten. Nach Tilman Fichter/Siegward Lönnendonker, Kleine Geschichte des SDS, Berlin 1977, S. 23, fand die Tagung während der Sommerferien 1952 statt.

In einem zeitlich bald darauf folgenden Beitrag greift Tietgens mit dem Thema „Studium ist Arbeit und als solche zu bewerten"[5] eine These des SDS auf, die in dessen von der Delegiertenkonferenz vom 4. bis 6. Oktober 1952 in Münster verabschiedeten Grundsätzen und Zielen steht. Sie gilt aus HTs Sicht „als fundamentale Voraussetzung für alle Auffassungen und Forderungen des SDS, die das Verhältnis von Universität und Gesellschaft betreffen." Tietgens analysiert und argumentiert gesellschafts- und bildungspolitisch darin in weiten Teilen so, als verfasse er in Kenntnis der Pisa-Studien einen Kommentar zu gegenwärtigen bildungs- und sozialpolitischen Problemen Deutschlands.

Unter dem Titel „Reform oder Neugestaltung"[6] nimmt HT die hochschul- und gesellschaftspolitische Forderung nach einem Studienhonorar aus vorauf erfolgten Forderungen und Beschlüssen erneut auf und argumentiert darin u. a. wie folgt: „Es genügen nicht Gebührenfreiheit und einzelne Stipendien, soll das Ziel erreicht werden, auch die begabten Kinder wirtschaftlich schlecht gestellter Eltern zur Hochschule zu bringen. Dafür ist auch in diesen Kreisen eine Vorstellung vom Wert und der Bedeutung geistiger Arbeit zu schaffen. Soll die soziale Struktur der Studentenschaft der der Gesamtgesellschaft mehr angepasst werden, so ist es notwendig, die Tatsache, dass Studium Arbeit ist, im Bewusstsein aller zu verankern und auch die praktischen Konsequenzen daraus zu ziehen.

Ein Studienhonorar vermag das Ansehen geistiger Arbeit zu heben und die Studierenden aus ihrer Abhängigkeit vom Elternhaus zu lösen, die sich sonst sehr nachteilig auf die Persönlichkeitsentwicklung auswirkt.

Um all dies zu erreichen, genügen aber nicht einzelne Reformen. Dafür ist eine Neuordnung von Grund auf erforderlich."

---

[5] USt, Dezember 1952/Januar 1953, Nr. 12, , S. 3 f.
[6] USt, 1953, Nr. 11, S. 9

Als dieser Beitrag von HT erschien, war die Geschäftsstelle des SDS nach der auf der Delegiertenkonferenz in Münster 1952 erfolgten Wahl von Ulrich Lohmar zum Vorsitzenden des SDS nach Hamburg verlegt worden, dem Wohnort von Ulrich Lohmar. HT war mit nach Hamburg übergesiedelt, nachdem er seit 1945 in Bonn studiert und hier auch nach seiner Promotion bis 1952 gelebt hatte.

Auf der Tagesordnung der hochschulpolitischen Konferenz des SDS im Haus der Naturfreunde in Bochum-Dahlhausen zum Thema „Strukturwandel der Universitäten und Hochschulen in der sowjetischen Besatzungszone" vom 7. bis 11. Mai 1953 steht dann ein Referat von HT: „Gedanken zu einem sozialistischen Hochschulprogramm unter besonderer Berücksichtigung der gesamtdeutschen Fragen.[7] Es belegt eine der vom SDS in dieser Zeit verfolgten vielfältigen Initiativen, die Entwicklung der Hochschulen und des Bildungs- und Gesellschaftssystems in der DDR aufmerksam unter dem Gesichtspunkt zu verfolgen, um dadurch auch Bedingungen der angestrebten Wiedervereinigung aufzeigen und einhalten zu können.

Auf der VIII. Delegiertenkonferenz des SDS vom 3. bis 6. Oktober 1953 in Hamburg erläutert HT den Entwurf eines Hochschulprogramms des SDS „als Diskussionsgrundlage" weiter. Ausgehend von den grundlegenden Thesen, dass die Hochschule nicht etwas völlig Autonomes sein könne und Studium Arbeit für die Gesellschaft sei, „muss noch eine Überarbeitung und ein Ausbau im Einzelnen vorgenommen werden, um der akademischen Öf-

---

[7] Eine Arbeitsgruppe verfasste u. a. nach einem Referat von Dietrich Spangenberg über die „Entwicklung der Arbeiter- und Bauernfakultäten in der SBZ" eine Entschließung zur Errichtung von besonderen Instituten zur Erlangung der Hochschulreife in Westdeutschland. „Der Bundesvorstand beabsichtigt, die Referate und Entschließungen der Bochumer Arbeitstagung in einer Broschüre einer breiten Öffentlichkeit zugänglich zu machen." (Anmerkung: Der Titel des Referats von HT befindet sich im Protokoll dieser Tagung, FES, Archiv des SDS/Band 3202.

fentlichkeit morgen einen gesicherten und durchgeformten Plan vorzulegen."[8]

HT nimmt in der gleichen Ausgabe das Konferenzthema unter dem Titel „Reform oder Neugestaltung" auf und begründet eindringlich das Erfordernis einer „Neuordnung von Grund auf." Es habe an Tagungen, Resolutionen und Gutachten dazu in den letzten Jahren nicht gefehlt und in die Praxis sei nur wenig umgesetzt worden. „Im Gegenteil, die restaurativen Tendenzen im deutschen Hochschulleben werden immer deutlicher erkennbar."

Unter dem gleichen Titel „Reform oder Neugestaltung" war zuvor im SDS-Organ USt bereits ein größerer als *Belauschtes Gespräch vor der hochschulpolitischen Konferenz in Kassel* untertitelter Beitrag erschienen. Darin wird der außerordentlich konzentrierte Versuch unternommen, in Rede und Gegenrede von vier Gesprächspartnern alle nur denkbaren Facetten der Diskussion über die Zielvorstellung aufzuzeigen, dass eine Neugestaltung der Hochschulen mit der Konsequenz gesamtgesellschaftlicher Verknüpfungen erforderlich sei. Dieser Beitrag ist nicht von Hans Tietgens gezeichnet, stammt m. E. aber eindeutig aus dessen Feder und lässt sowohl etwas von seinen dramaturgischen und pädagogischen Neigungen als auch von seiner Schreibfreude erkennen.

Fragen der Hochschulreform widmet HT sich Ende 1954 auch noch mit einem Artikel *Was bedeutet Grundorientierung?*[9] mit den Untertiteln: *Das Studienhonorar – Die Grundorientierung – Studium generale versagte – Zusammenhänge sichtbar machen – Umweltverständnis selbstverständlich – Praktische Wege – Ein Beginn.*

Ein Jahr nach Tietgens Ausscheiden aus den Diensten des SDS fand im Mai 1955 dann noch in Marburg ein internationales Semi-

---

8 USt, 1953, Nr. 11, S. 5 ff
9 USt, 1954, Nr. 8, S.7 ff. Hinweis: Die Ausgabe Nr. 8 erschien im November Dezember, während HT bereits ab Mai an der Heimvolkshochschule Hustedt tätig war.

nar des SDS zum Thema statt: *Studium ist Arbeit und als solche zu bewerten.* „Im Rahmen dieses Seminars sollte – anhand der in mehrjährigen Diskussionen ausgearbeiteten … und der Öffentlichkeit übergebenen Denkschrift des SDS über „Die Hochschule in der modernen Gesellschaft" – besonders das Problem des Studienhonorars behandelt werden."[10]

Damit endet im Bundesorgan des SDS bis zum Jahrgang 1956 die Ära nachhaltiger politischer Bestrebungen um ein Programm zur Neugestaltung der Hochschulen, in deren Zentrum der Bundessekretär Hans Tietgens mit seinen programmatischen Beiträgen in der Zeitschrift des Studentenbundes und mit seinen Referaten, Arbeitspapieren und Diskussionsbeiträgen in mehreren Konferenzen als Initiator[11] und verbandspolitischer Promotor zu stehen scheint.

Otto Fichtner als der in der Nachfolge von Ulrich Lohmar ab 1956/57 amtierende Vorsitzende des SDS titelt im Juli 1956 dann im Bundesorgan des SDS: *Die Hochschulreform fand nicht statt*[12] und fasst darunter das Ergebnis des IV. Deutschen Studententages 1956 in Hamburg zusammen, der mit einleitenden Referaten von Repräsentanten der Universitäten, des DGB, der Arbeitgeber und des Hamburger Schulsenators Heinrich Landahl eröffnet worden war. Ein Kernpunkt aus dem Fazit des Beitrags von Otto Fichtner lautet: „ … die deutsche Hochschule habe es bis heute versäumt, sich und ihr Anliegen der Arbeiterschaft verständlich zu machen. Nicht zuletzt dieser mangelnde Kontakt, diese hoheitsvolle Abkapselung von der gesellschaftlichen Wirklichkeit ist die Ursache für die bestürzende Zahl von nur 4,8 % Arbeiterkindern an den westdeutschen Hochschulen."

Wie gründlich sich der SDS inhaltlich und mit unverminderter gesamtdeutscher Zielsetzung auf diesen Studententag vorbereite-

---

[10] USt, 1955, Nr. 10, S. 9
[11] Vergl. Willy Albrecht, Der … (SDS), Bonn 1994, S. 178
[12] USt, 1956, Nr. 3, S 3

te, geht aus einem 24-seitigen Arbeitspapier zu folgender Gliederung hervor, deren einzelne Kapitel von Ruth Deichelmann/Hans-Jürgen Haferkorn, Otto Fichtner, Walter Fehling, Johannes Reinhold und Egon Erwin Müller verfasst wurden:

STANDORT VON HOCHSCHULE UND STUDENTEN IN DER SOZIALEN ORDNUNG

I. Struktur der Gesellschaft und der Studentenschaft

II. Bildungsanspruch der Jugend

III. Zugang zur Hochschule

AUFGABEN VON HOCHSCHULE UND STUDENTEN IN DER SOZIALEN ORDNUNG

I. Die Hochschulreform in der Bundesrepublik

II. Die Hochschulreform in der „DDR"

III. Versuch einer vergleichenden Untersuchung beider Hochschultypen

IV. Forderungen in Hinblick auf die Wiedervereinigung [13]

Aus der Zeit meiner Mitgliedschaft im SDS ist mir der Bericht über den IV. Deutschen Studententag lebenslang im Gedächtnis geblieben. Nach anhaltenden Diskussionen über die vom SDS dafür vorgelegten und verbreiteten Arbeitspapiere entschlossen sich Mitglieder der Gewerkschaftlichen Studentengruppe, die auch Mitglieder des Ringes Christlich- Demokratischer Studenten (RCDS) und des SDS an der Hochschule für Sozialwissenschaften (HfS) in Wilhelmshaven waren, 1957 an der Mai-Kundgebung des

---

[13] FES, SDS/Mat. O. Fichtner

DGB in Wilhelmshaven teilzunehmen, auf der Willi Haferkamp auf dem Rathausplatz sprach. Wir zogen zum Rathausplatz und versammelten uns dort nahe der Rednertribüne um unsere beiden Transparente:

Brecht das Bildungsmonopol der Besitzenden
Begabte sollen studieren – nicht Reiche

Im Nachhinein habe ich bei der Betrachtung des Fotos oft gedacht, wir wären wohl allzu überschüssig bei der Gestaltung unserer Transparente verfahren und bin jetzt nach 54 Jahren in USt, 1952, Seite 10 f. im Schlussprotokoll einer SDS -Tagung auf der Burg Ludwigstein im Jahre 1952, an der auch HT aktiv beteiligt war, zum Ursprung und Schlüssel des Verständnisses unserer Formulierungen über folgende Stelle gelangt, wie w. u. noch näher erläutert wird. Dort heißt u. a.: „7. Beseitigung des im Wesentlichen immer noch aufrecht erhaltenen Bildungsmonopols der besitzenden Schichten durch eine Gesamtreform der pädagogischen Institutionen."

In USt, 1952, Nr.10, S. 7, wird dies dann u. a. wie folgt kommentiert:

„Unsere Forderung, das Bildungsmonopol der besitzenden Schichten zu brechen, ist, wie zu erwarten war, von verschiedenen Seiten angegriffen worden ... Zugegeben, dass die Formulierung nicht gerade glücklich gewählt war. Man hätte besser eine freie Inanspruchnahme sämtlicher Bildungsanstalten gemäß den Fähigkeiten fordern sollen.

[...]

Wesentlich für unsere Ludwigsteiner Forderung war der geringe Anteil der Arbeiterkinder innerhalb der Studentenschaft. So betrug im Wintersemester 1951/52 an den niedersächsischen wissenschaftlichen Hochschulen der Anteil der immatrikulierten Studenten, die aus Arbeiterfamilien kommen – einschließlich der qualifizierten Facharbeiter – nur 3,1%... Der Anteil der Arbeiterschaft an der Gesamtbevölkerung Niedersachsens beträgt demgegenüber nach der Berufszählung von 1950 51,7%..."

Trotz differenzierterer sozial- und bildungspolitischer Definitionen ist die Forderung zur „Brechung des Bildungsmonopols der besitzenden Schichten" dennoch bis 1956 von allen Vorsitzenden des SDS erhoben worden, wie noch aufzuzeigen ist.

Aufgrund vor allem von Willy Albrecht umfangreich genutzter und zitierter Bestände des SDS-Archivs der Friedrich-Ebert-Stiftung und von ihr erhaltener Fotokopien von Tagungsberichten, Protokollen und Schriftsätzen anderer Art ist zu anzunehmen, dass im Archiv noch weitere deutliche biographische Spuren von HT entdeckt werden könnten, wie eventuell zu Aktivitäten in der Zeit seiner Mitgliedschaft von 1948 bis 1952, seiner Bewerbung um die Stelle des Bundessekretärs, zu seiner Rolle in der hochschulpolitischen Konferenz in Kassel vom 27. Juli bis 1. August 1953 sowie in der Ferientagung des SDS auf der Jugendburg Ludwigstein vom 27.04 bis 03.05.1952, die der Theoriebildung des SDS[14] diente und deren Schlussthesen insgesamt lauteten:

„1. Zusammenfassung aller theoretisch arbeitenden Kräfte in der deutschen sozialistischen Bewegung.

2. Schaffung eines zentralen theoretischen Organs.

3. Schaffung einer überregionalen Tageszeitung.

4. Förderung soziologischer Untersuchung der sich herausbildenden Lebensformen und deren sozialpädagogische Auswertung.

5. Allgemeine Förderung der politischen Wissenschaften

6. Herstellung einer echten Öffentlichkeit der Universitäten.

7. Beseitigung des im Wesentlichen noch aufrechterhaltenen Bildungsmonopols der besitzenden Schichten durch eine Gesamtreform der pädagogischen Institutionen. (Wir verweisen dabei auf das Beispiel der Hochschule für Arbeit, Politik und Wirtschaft in Wilhelmshaven.)"[15]

Mit seinen publizistischen und rhetorischen Beiträgen zur Hochschulreform hat HT sich von 1952 bis 1954 m. E. immer im Felde der Ludwigsteiner Schlussthesen 3 bis 7 gehalten, was durch die Intensität der Diskussionen während der Ludwigsteiner Tagung bestimmt worden sein könnte, gegen deren marxistisch ausgerichtete Tagungsleitung er in mehreren Diskussionsbeiträgen als Einziger versuchte, „die Bedeutung der marxistischen Theorie zu relativieren und einige Lehren von Marx als falsch zu bekämpfen."[16]

---

[14] Tilman Fichter/Siegward Lönnendonker, Kleine Geschichte des SDS, Berlin 1977, S. 23

[15] USt, 1952, Nr. 6, S. 11; siehe hierzu auch S. 8 ff.

[16] Willy Albrecht, Der … (SDS), Bonn 1994, S. 260

Wie Eva Tietgens in einem Gespräch am 28.August 2011 mitteilte, hat sich HT dieser Tagung auch sehr oft erinnert.

Tietgens verfolgt den Hinweis auf die Wilhelmshavener Hochschule als Beispiel der angestrebten Hochschulreform während seiner späteren Tätigkeit als Leiter der PAS im LVN konsequent und organisiert 1956 zu Beginn seiner Tätigkeit gleich eine Tagung der Volkshochschulleiter im Hochschuldorf Wilhelmshaven-Rüstersiel.

Zur Vorbereitung der Delegiertenkonferenz des SDS vom 4. bis 6. Oktober 1952 in Münster werden die Ludwigsteiner Tagungsergebnisse nicht herangezogen. Bezüglich Punkt 7 der hauptsächlichen Ludwigsteiner Forderungen heißt es in den von der DK verabschiedeten Zielen und Grundsätzen des SDS dort aber u. a.: „II. Studium ist Arbeit und ist als solche zu bewerten. Die Gesellschaft hat die Voraussetzungen für diese Arbeit zu schaffen. Sie bestehen in der Sicherung der Forschung und in der Möglichkeit des Studiums für jeden, der dazu geistig und charakterlich fähig ist."[17] In einem Kommentar zur Delegiertenkonferenz wies Ulrich Lohmar jedoch darauf hin, „dass dieser Satz nicht nur die Forderung nach einer sozialen Besserstellung der Studentenschaft enthalte, sondern auch die Forderungen nach einer Brechung des Bildungsmonopols, nach einer durchgreifenden Hochschulreform und nach einem Umbau des gesamten Bildungswesens."[18]

In der Nachfolge von Ulrich Lohmar und Otto Fichtner nannte Johannes Reinhold nach seiner zeitlich nach dem IV. Studententag erfolgten Wahl zum Bundesvorsitzenden 1956 in einer kurzen Rede „unter den Hauptaufgaben in naher Zukunft die ‚Brechung des Bildungsmonopols' an erster Stelle."[19]

---

[17] USt, 1952, Nr. 11, S. 4
[18] Willy Albrecht, Der ... (SDS), Bonn 1994, S. 176 f.
[19] Vergl. Willy Albrecht, Der ...(SDS), Bonn 1994, S. 239, Abs. 2

Wie sich HT auch die „Schaffung einer überregionalen Tageszeitung" als vordringliche Forderung der Ludwigsteiner Tagung zu eigen macht, belegen neben dem Artikel *Worauf es ankam und ankommt*[20] – (Eine analytische Betrachtung zur Bundestagswahl vom 6. September 1953) – insbesondere die Artikel *Kritik der Kritik*[21] – (Eine kritische Betrachtung zur Kritik an der Bundestagswahl vom 6. September 1953 aus dem Bereich der Sozialdemokratie) und *Wo bleibt die Zeitung?*[22], in dem er ausführlich Strukturfragen einer sozialdemokratischen Zeitung aufzeigt und deren Erfordernis aufgrund der Bedeutung medialer Meinungsbildung erörtert.

Größere Gewissheit, ob HT der namentlich nicht gezeichnete aber ganz in seiner Diktion zu hochschul- und gesellschafspolitischen Analysen und Forderungen stehende Artikel „Arbeiterschaft und Intelligenz" – „Zum 1. Mai 1954"[23] zuzuordnen ist, könnte über eine nähere Prüfung im SDS - Archiv der FES zu erlangen sein.[24]

Besondere Aufmerksamkeit für weitere Recherchen im SDS-Archiv der FES wäre wohl noch folgendem Verlauf zu widmen. Nachdem Tietgens erst ab Juli 1952 als Bundessekretär des SDS tätig war, wurde dessen Stelle bereits wieder im SDS-Organ USt, 1953, Nr. 3, S.7 ausgeschrieben. Ulrich Lohmar schrieb dazu und bat persönlich alle Mitglieder, sich bei Interesse mit Lebenslauf, Überblick über bisherige berufliche Tätigkeiten, Ausbildung und politische Arbeit zu bewerben. Bedauerlicherweise werde Hans Tietgens in Kürze ausscheiden und es gelte einen neuen Bundessekretär zu finden. Dieser „sollte möglichst Schreibmaschine und

---

[20] USt, 1953, Nr. 10, S. 7
[21] USt, 1953, Nr. 12/1, S. 6 f., Dezember 1952/Januar 1953
[22] USt, 1954, Nr. 2/3, S. 12 f.
[23] USt, 1954, Nr. 4/5, S. 2
[24] Obwohl sich der SDS in dieser Phase als Glied der Arbeiterbewegung begriff, beteiligte er sich wohl nicht an Aktionsbündnissen bei großen Maikundgebungen der Nachkriegszeit.

Stenografie schreiben und muss ein Büro in Ordnung halten können. Daneben sind eine Kenntnis der Aufgaben und Probleme unseres Bundes und eine möglichst große „Kontaktfähigkeit" unerlässlich. Kurzum, der Bundessekretär muss politisch und organisatorisch auf der Höhe sein, er muss sich auf Erfahrungen und Gruppenarbeit stützen und auf sein „Fingerspitzengefühl" verlassen können. Außerdem muss er, sofern er nicht dort wohnt, nach Hamburg übersiedeln. So vielseitig die Anforderungen also einerseits sind, so interessant ist andererseits sein Aufgabengebiet. Der SDS kann bei seinen begrenzten Mitteln für die Arbeit des Bundessekretärs natürlich keine großen Summen auswerfen, ist aber doch in der Lage, eine ausreichende finanzielle Regelung vorzuschlagen."

Was der Bundessekretär neben den in der Stellenausschreibung genannten Fertigkeiten und Fähigkeiten außerdem musste, umschreibt HT 35 Jahre später als seine Tätigkeit im Bereich der „Studentenpolitik" in einem Interview sehr lebhaft so: „Einen Schlips umbinden habe ich als Geschäftsführer des SDS gelernt.

... Bis dahin bin ich einer der wenigen Studenten gewesen, die ohne Schlips in die Universität gingen, und erst der SDS-Vorsitzende [Ulrich Lohmar] musste mir sagen: Das gehört aber dazu, sonst kommst Du nicht an! Und bis zu meinem 65. Geburtstag – seitdem hab' ich ihn erst wieder abgelegt – war ich dann der Einzige an der Universität, der noch einen trug."[25]

---

[25] An dieses für das Archiv für Erwachsenenbildung des Wolfgang-Schulenberg-Instituts für Bildungsforschung und Erwachsenenbildung an der Uni Oldenburg (ibe Uni Oldenburg) bald nach dessen Gründung geführte Interview erinnerte ich mich aus damals an der Gründung der Gesellschaft, Errichtung und Finanzierung des Archivs Beteiligter und erhielt es nach mehreren Interventionen per Fotokopie am 21.02.2011. Es umfasst 48 Seiten, hier eine Stelle aus Seite 3. Im weiteren Verlauf wird es hier als *Zeitzeugengespräch* – wie eingangs bei Johannes Weinberg – zitiert. Von den Interviewern konnte diese von Tietgens für sie offensichtlich unvermutet geöffnete Sicht auf eine biographisch interessante Phase sei-

HT blieb nach der Stellenausschreibung Bundessekretär des SDS, bis er seine Stelle als Lehrer an der Heimvolkshochschule Hustedt im Mai 1954 antrat, die keineswegs ein Karrieresprung aus seiner doch sehr herausgehobenen SDS-Funktion war. Im Vergleich dazu drängen sich Schilderungen zweier Autoren auf, die zur SDS-Geschichte publizierten: „Ulrich Lohmar und Claus Arndt betrachteten ihre Bundesvorstands-Arbeit als ein Vehikel, mit dessen Hilfe sie sich schon zu Studienzeiten für eine spätere Parteikarriere nach dem Examen profilieren wollten. Besonders zielstrebig war dabei Ulrich Lohmar, der die Vorteile, die für ihn aus der Zusammenarbeit mit dem Sohn des prominenten SPD-Juristen und MdB Dr. Adolf Arndt erwuchsen, geschickt für sich zu nutzen wusste."[26] Mit Ulrich Lohmar setzte sich im SDS eine Gruppe durch, „die nicht mehr explizit in der Tradition der Sozialdemokratischen Arbeiterbewegung stand" ... und „diese jungen Macher stellten ... einen neuen Typus von Berufspolitikern dar, für den Wissenschaft und Universität nur noch Karriere-Sprungbrett waren."[27]

Nach seiner Beteiligung an Bildungsveranstaltungen der Volkshochschule Bonn und der Arbeitsgemeinschaft „Student und Erwachsenenbildung" bis 1952 lässt HTs anhaltende Verankerung in der Erwachsenenbildung während seiner Tätigkeit im SDS folgende Stelle aus seinem weiter vorn schon genannten Artikel *Studium ist Arbeit* erkennen: „In diesem Zusammenhang steht auch die Forderung nach einer stärkeren materiellen Unterstützung

---

nes beruflichen Lebens im weiteren Gespräch mangels zeitgeschichtlicher Kenntnisse über die studentenpolitische Rolle des SDS bedauerlicherweise wohl nicht vertieft werden. Da andere Quellen zu HTs Sicht auf diesen Teil seines beruflichen Werdegangs nicht zur Verfügung stehen, dürfte hier die einmalige Chance bestanden haben, von ihm eine weitergehende Einschätzung seiner Erfahrungen aus dieser Zeit zu erlangen.

[26] Jürgen Briem, Der SDS, Frankfurt 1976, S. 126
[27] Tilman Fichter/Siegward Lönnendonker, Kleine Geschichte des SDS, Berlin 1977, S. 28

und inneren Verlebendigung der Erwachsenenbildung. Sie darf sich nicht auf die Vermittlung von Wissen beschränken, sondern muss vorstoßen von der Sachkenntnis zur Sachlichkeit ihrer Teilnehmer. Denn für diese kommt es darauf an, sich an den Umgang mit Wissen zu gewöhnen. Gerade weil der Bestand dessen, was man wissen muss, so ungeheuer angewachsen ist, kommt der ökonomischen und sinnvollen „Handhabung" dieses Wissens eine umso größere Bedeutung zu. Was zu wissen ist, zwingt Sache und Lage mehr oder weniger auf, ist darum eine notwendige Voraussetzung der Bildungsarbeit. Wie das Wissen zu verstehen ist, dazu bedarf es der Anleitung und der Übung."

An der Volkshochschule Hamburg war Hans Tietgens 1953/54 lt. deren Mitteilung vom 26.10.2010 mit folgenden Kursen beteiligt:

Vortrags- und Diskussionstechnik

Montags: 19–21 Uhr, Gewerkschaftshaus, Besenbinderhof

Beginn: 5. Oktober 1953

Du und deine Umwelt

Die private Umwelt (Familie, Nachbarschaft, Arbeitsplatz)

Die Institutionen in der Öffentlichkeit (Staat, Gemeinde, Partei)

Die Faktoren der öffentlichen Meinungsbildung (Presse, Rundfunk, Film, Reklame)

Die persönlichen Interessen (Sport etc.)

Dienstags: 20-22 Uhr, Pädagogisches Institut, Grindelhof 30

I. Beginn: 6. Oktober 1953 – II. Beginn: 5. Januar 1954

Die öffentliche Meinung

Ihr Zustandekommen und ihre Wirkung – Mittel und Methoden der Meinungsbeeinflussung – Bedeutung von Presse, Rundfunk, Film und Reklame

Dienstags: 20–22 Uhr, Pädagogisches Institut, Grindelhof 30, Beginn: 27. April 1954

Fazit

Der Versuch, HTs Spuren während seiner Mitgliedschaft und hauptberuflichen Tätigkeit im SDS aufzufinden, beschränkte sich auf die Durchsicht der Jahrgänge 1952 bis 1956 des SDS-Organs *Unser Standpunkt* sowie die Nutzung einiger literarischer Quellen, die hier zusammenfassend genannt sein sollen: Willy Albrecht, Der Sozialistische Deutsche Studentenbund (SDS), Bonn 1994 – Jürgen Briem, Der SDS, Frankfurt 1976 – Tilman Fichter/Siegward Lönnendonker, Kleine Geschichte des SDS, Berlin 1977 – Uwe Rohwedder, Helmut Schmidt und der SDS, Bremen 2007 - Simone Schrodi, Der Wandel des SDS vom parteikonformen Studentenverband zur wichtigsten Initiativgruppe innerhalb der Studentenbewegung, Dokument Nr. V71361, http:/www.grin.com sowie auf ein wenig ergänzendes persönliches Erfahrungswissen. Eine Spurensuche zu HTs Verhältnis zum Vorstand des SDS und seiner Rolle und politischen Intentionen innerhalb des Studentenbundes war nicht beabsichtigt.

Der Wechsel als Lehrer in die Heimvolkshochschule Hustedt will als eine Zäsur im Leben HTs erscheinen, der als Bundessekretär des SDS so eindringlich und beharrlich die Notwendigkeit einer in der Zielsetzung gesamtdeutschen Hochschul- und Gesellschaftsreform begründete und vertrat und jetzt tagtäglich pädagogisch für die Weiterbildung in Kleingruppen mit bis zu 30 Teilnehmern tätig wird. Erkannte er sich in seiner verbandlichen Stellung und Praxis und mit seinen Beiträgen als Schreiber, Redner und Organisator nicht auch als „Bohrer von dicken Brettern?"

Als Lehrer in der Heimvolkshochschule Hustedt

Zwei Wochen nach seinem Dienstantritt in Hustedt konnte Hans Tietgens hier am 17. Mai 1954 seinen 32. Geburtstag feiern. Er heiratete m 28. Dezember 1954 Eva Sens in Essen, wo sie seit Abschluss ihres Studiums als Lehrerin tätig war.

HT war in Hustedt 1952 bereits einer der Bewerber für das Arbeiterbildungsseminar vom 22.08. bis 15.10.1952. Weil ein dafür vorgesehenes Kontingent niedersächsischer Teilnehmer zwecks Finanzierung erfüllt werden musste, wurden mehrere Bewerber aus anderen Bundesländern – so auch Hans Tietgens – nicht zugelassen. Die Empfehlung für das Seminar kam von Dr. K. G. Fischer vom Seminar für Erwachsenenbildung an der Wolfgang-Goethe-Universität Frankfurt, der dort die Gruppe „Student und Erwachsenenbildung" initiiert hatte, bekannter als „Deisfelder Gruppe."[28] Der Bewerbungsbogen ist mit folgenden Empfehlungen Fischers versehen:

„... er wird auf alle Fälle eine gute Arbeitskraft für die deutsche Arbeiterbildung werden, und es ist anzunehmen, dass er hauptamtlich mitarbeiten möchte."

„... außerordentlich pädagogisches Geschick mit einer sicher fundierten Bildung und einer lebendigen Begabung verknüpft."

Anfang Januar 1954 hatte sich HT in Hustedt zehn Tage nach den dortigen Arbeits- und Lebensbedingungen umsehen können und wurde hier mit Paul Steinmetz als dem Leiter der HVHS bekannt, auch mit Adolf Heidorn, dem DGB-Bildungssekretär und Vorsitzenden der Bildungsvereinigung Arbeit und Leben, die die langfristigen Hustedter Grund- und Aufbaukurse finanziert. Sei-

---

[28] Den von Fischer ausgefüllten Bewerbungsbogen erhielt ich mit einem Aktenbestand am 15. Januar 1985 von Karl- Heinz Kreter, dem langjährigen stellvertretenden Vorsitzenden des Landesverbandes der Volkshochschulen Niedersachsens und Gründungsmitglied des Pädagogischen Ausschusses im Jahre 1958.

nem geplanten Dienstantritt zum 01. April 1954 ging noch ein recht lebhafter Schriftwechsel mit Paul Steinmetz und Adolf Heidorn voraus – den die Heimvolkshochschule freundlicherweise per Fotokopie übermittelte und aus dem hier zitiert wird –, bis er am 03.05.1954 seine Tätigkeit aufnahm.

Mit der Begründung aktueller Aufgabenstellungen im Hamburger SDS-Sekretariat hatte Tietgens seine Zusage für Hustedt hinausgezögert – und weil er seit einiger Zeit im Gespräch für die Stelle eines Kulturdezernenten in Gladbeck war. Er berichtete, dass diese Stelle aus „Sparsamkeitsgründen" vorerst nicht wieder besetzt werden solle und schrieb am 11.2.1954 an Adolf Heidorn u. a.: „Ich darf ... sagen, dass ich mich seit einigen Eindrücken und Erfahrungen der letzten Zeit nicht mehr unbedingt auf eine Abendvolkshochschule festlegen möchte. Die Gründe dafür lassen sich schriftlich nicht einfach erklären. Der entscheidende Unterschied zwischen beiden scheint mir ja darin zu liegen, dass einmal mehr das Pädagogische und zum anderen mehr das Organisatorische im Mittelpunkt steht. Da ich glaube, für beides die gleich guten und schlechten Fähigkeiten mitzubringen, wäre für mich also entscheidend, wo ich im Augenblick die größeren Wirkungsmöglichkeiten im Sinne einer Einwirkung auf die Umwelt sehen würde. Und da neige ich in letzter Zeit doch mehr zum Pädagogischen. In Hustedt habe ich mich vor dieser Auffassung noch selbst gewehrt, indem ich mir ständig ins Bewusstsein rief, dass nur einmal im Jahr ein solcher Aufbaukurs stattfindet ..."

Unter Bezug auf das vorstehende Schreiben heißt es dann am 26. Februar in einem Brief an Paul Steinmetz: „Das bedeutet, dass ich heute bei einer freien Wahl zwischen einer Abendvolkshochschule und einer Tätigkeit an einer Heimvolkshochschule nunmehr die letztere vorziehen würde, da mir hierbei unter den gegebenen Umständen heute die größere Möglichkeit der Einwirkung auf andere und der Befriedigung für mich selbst liegen würde."

Die beiden vorstehenden Zitate haben mich sehr stark an meine Tätigkeit an der HVHS Aurich von 1960 bis 1962 und den

Wechsel an die VHS Leer erinnert. Ich hatte zwar innerhalb von zwei Jahren an der HVHS neben deren vielen traditionell kurzzeitigen Lehrgängen selbst einen mehrwöchigen Kurs zur Vorbereitung auf Aufnahmeprüfungen im Zweiten Bildungsweg einrichten können, in der VHS aber die Chance zur Förderung einer weit größeren Zahl von Interessenten für schulische und berufliche Abschlüsse aus eigener mehrjähriger VHS-Praxis vor Augen und mich daher ohne die geringsten Zweifel an meinen Neigungen und Wirkungschancen für den Wechsel an die VHS entschieden. Allerdings erinnerte mich der Internatsbetrieb einer HVHS mit dem gemeinsamen Frühstück, Teetrinken am Vor- und Nachmittag, Mittag- und Abendessen auch noch sehr stark an den jedoch extrem ideologisch geprägten kadettenhaften Drill der Lehrerbildungsanstalt Köslin bis Kriegsende 1945 und beförderte meine Entscheidung zusätzlich.

Nach Absprachen mit dem Kultusministerium und der Bildungsvereinigung Arbeit und Leben kann Paul Steinmetz am 23. März 1954 mitteilen: „Sie kommen am 01.04. zu einer vierteljährlichen Einarbeitungs- und Probezeit, freibleibend für beide Teile, zu uns. Spätestens mit Abschluss des Grundkursus, Ende Mai, werden wir uns dann über den endgültigen Status einig.

Während des ersten Vierteljahres können wir Ihnen neben freier Station einen Barbetrag von DM 250,-- monatlich zuwenden. (Es steht ein Gesamtbetrag von DM 300,-- zur Verfügung, aus dem auch der Arbeitgeberanteil der notwendigen Versicherungen zu bestreiten ist.) Falls die Einarbeitungszeit zur beiderseitigen Zufriedenheit verläuft und Sie im Heim weiterarbeiten wollen, stünde voraussichtlich zum 1.7. eine Planstelle in Anlehnung an TOA IV (später III) für Sie zur Verfügung."

Neben dem allgemeinen Kursbetrieb findet in der Heimvolkshochschule für Arbeiter und Angestellte im Alter von 18 bis 30 Jahren eine Arbeitstagung von besonderem Charakter vom 8. bis 11. März 1955 statt. Zum Thema „Pädagogisches Studium und Erwachsenenbildung" referieren Dr. Paul Steinmetz, Ministerialdirigent Hans Alfken, Prof. Dr. Rückriem, PH Osnabrück und Dr. K. G. Fischer, Uni Frankfurt.[29]

Anlässlich seines Anfang 1956 bevorstehenden Wechsels in die neu geschaffene Pädagogische Arbeitsstelle im Landesverband der Volkshochschulen Niedersachsens schrieb Paul Steinmetz ihm am 24.11.1955 eine Beurteilung, die Tietgens Rolle und Aufgaben als Lehrer u. a. wie folgt charakterisiert: „... Vor allem war er immer stark bemüht, sich auf methodischem Gebiete zu vervollkommnen, um unterrichtlich voll wirksam zu sein.

... Er ist außerdem stark organisatorisch interessiert, und zeigt in Organisation und Geschäftsführung gutes Geschick. Er versteht es, erfolgreich zu verhandeln. Unterrichtlich wurde er in allen Kursen, die das Heim durchführte, verwendet. In den Grund- und Aufbaukursen behandelte er aktuelle Politik, Zeitgeschichte, zuletzt auch das Fach Staat und Gesellschaft, führte in die Literatur ein, informierte über das Pressewesen und half beim Deutschunterricht mit. Besondere Verdienste hat er sich um Ordnung der Bücherei, und um die Weiterführung des Zeitungsarchivs erworben. Ihm ist die Redaktion des Hustedt-Briefes übertragen wor-

---

[29] ibe Uni Oldenburg, Archivnr.: 12/76, Seiten 1,2,3 und 5 (als Fotokopien) des Protokolls der Tagung. (Die in der HVHS Hustedt z. Zt. ihres Leiters Carl Bertil Schwabe noch verfügbaren Programme und Teilnehmerlisten der Bildungsveranstaltungen der fünfziger Jahre waren wie die Seite 4 des Tagungsprotokolls gegenwärtig nicht mehr verfügbar. Falls noch vorhanden, könnten sie lt. Mitteilung der HVHS dort im Frühjahr 2012 wieder zugänglich sein.) Am Ende des Protokolls heißt es zum Referat „Hochschule und Erwachsenenbildung" von Dr. Fischer u. a.: „Was ist unter „Deisfelder Gruppe" zu verstehen? Der erste Grundlehrgang für interessierte Studenten über Probleme der Erwachsenenbildung fand in dem hessischen Dorf Deisfeld statt, daher Deisfelder Gruppe. Es ist eine freie studentische Arbeitsgemeinschaft für Erwachsenenbildung, die ihre Arbeit selbst gestaltet. Die Deisfelder Gruppe führt Arbeitswochen, Aufbau-Seminare und Wochenendtagungen ... durch. Sie nimmt keine Einzelmitglieder auf, sondern nur studentische Gruppen der Pädagogischen Hochschulen und Universitäten der Bundesrepublik und West-Berlins."

den. Tietgens ist ein sehr selbständiger, produktiver und kritischer Kopf. Trotz guter Fähigkeiten zur Menschenbeurteilung ist er primär sachlich interessiert und daher grundsätzlich abwartend in der Kontaktnahme.

... Der Eindruck von Leistung kann dahingehend zusammengefasst werden, dass Herr Tietgens einem starken pädagogischen und politischen Impuls heraus erwachsenenbildnerisch tätig ist und dass seine Fähigkeiten eher auf die Dauerverwendung in einer Tätigkeit hinweisen, die organisatorische und pädagogische Arbeit vereinigt als auf die eines Lehrers an einer Heimvolkshochschule.

Für die pädagogische Arbeitsstelle des Landesverbandes der Volkshochschulen Niedersachsens kann er daher bestens empfohlen werden."

Neben der allgemeinen redaktionellen Betreuung der *Hustedt-Briefe* sind darin auch folgende Beiträge von HT enthalten:

Frühjahr 1955

Das Faule Auge – *Über die Rolle des Films* – Was können wir lesen? – *Begegnung mit der Geschichte von morgen* –

Sommer 1955

Gibt es noch den „Jungen Arbeiter"?

Herbst–Winter 1955

Gesamtdeutsche Aufgabe – *Unsere Flüchtlingskurse* – *Das Seminar für Gesamtdeutsche Fragen* – Politische Bildung heute

Auch die folgenden in dieser Ausgabe nacheinander stehenden und am Schluss mit tg gezeichneten Beiträge stammen wohl sämtlich aus der Feder von HT: Wege zur Weiterarbeit – *Der Buchstu-*

dienkreis – Die deutschen Gewerkschaften – Die Stunde Asiens – Angenehm – unbequem.

Programmatisch wie zu SDS-Zeiten wandte sich HT aus der Heimvolkshochschule Hustedt auch deutschlandpolitischen Aufgaben der Volkshochschulen zu. Dies belegt sehr eindrucksvoll sein strategisch angelegter und in: Kulturarbeit, 1955, Nr. 11, S. 209-211, erschienener Beitrag „Gesamtdeutsches Bewusstsein als Bildungsaufgabe", in dem es eingangs der ersten drei Absätze heißt: „Mit Recht wird immer wieder betont, dass die Freiheit in der Volkshochschule unantastbar bleiben muss. Ablehnung einer zentralen Lenkung in der Programmplanung sollte aber nicht hindern, *sich über die Frage vordringlicher Thematik zu verständigen.* Darin ist eine wesentliche Aufgabe der Verantwortlichen in der Erwachsenenbildung zu sehen. Sie können keine Richtlinien und keine verbindlichen Regelungen geben, aber ihre Hinweise auf eine Schwerpunktbildung in der Thematik verdient Beachtung.

Durch die politische Entwicklung ist die Forderung nach einem gesamtdeutschen Bewusstsein unabweislich geworden. Die Bevölkerung der Bundesrepublik ist nur zögernd bereit, die ihr durch die Spaltung Deutschlands zugewiesene Aufgabe in voller Einsicht ihrer Bedeutung auf sich zu nehmen. So liegt ein objektives Bildungsbedürfnis vor. Das gesamtdeutsche Bewusstsein scheint nicht selbstverständlich, sondern will geweckt werden."

… [Die Volkshochschulen] „beschränken sich - vor allem in kleineren Orten und in Zusammenarbeit mit Vertriebenenorganisationen – darauf, den Gedanken an die ostdeutsche Heimat wach zu halten. Die Erinnerung steht dabei im Vordergrund. Eine Verarbeitung etwa unter dem Gesichtspunkt der Zeitgeschichte bleibt dagegen selten. So fehlt bei den Jüngeren häufig das Interesse, und die Beteiligung der Eingesessenen ist gewöhnlich gering. Schulkinder aber wissen oft nicht mehr, ob Stettin in Schlesien oder Ostpreußen liegt."

HT erinnerte sich 1987 an seine erste hauptberufliche Tätigkeit in der Erwachsenenbildung in Hustedt u. a. so: „ … Das hat mir sehr gut getan. hier den, sozusagen pausenlosen Kontakt mit den

Teilnehmern zu haben. Pausenlos, das ist fast wörtlich zu nehmen, denn das war hier der alte Stil der Heimvolkshochschule, der Stil der Lebensgemeinschaft, der offenen Tür. Das war eigentlich der Grund, weshalb ich, obwohl mir die Arbeit da sehr gefiel, dann „Ja" gesagt habe, als Vorstandsmitglieder vom Landesverband der Volkshochschulen Niedersachsens mich fragten, ob ich nicht zum Landesverband nach Hannover gehen wollte. Ich hatte frisch geheiratet, und für eine Ehe war das Heimvolkshochschulleben in diesem Stil doch sehr belastend. Aber es hat mir viel gegeben, was mich am liebsten gehalten hätte, weil ich diesen Direktkontakt schätzte ... Und bei mir war es dann eben so, dass ich einerseits diesen Direktkontakt in der Heimvolkshochschule als sehr positiv empfunden habe, andererseits aber auch dachte, eigentlich müsste man ja weiterwirken; so schön es auch ist, direkte Wirkung zu verspüren, was wird denn eigentlich insgesamt damit bewirkt? Und da ich von Natur her eigentlich ... ein Skribent bin, ... habe ich mich dann doch entschlossen, nach Hannover zum Landesverband zu gehen; das ist also der zweite Grund neben dem familiären."[30]

Im Landesverband der Volkshochschulen Niedersachsens 1956 bis 1958 als Leiter der neu eingerichteten Pädagogischen Arbeitsstelle

Auf die Frage, wie lange er neben seiner Tätigkeit als Leiter der Pädagogischen Arbeitsstelle (PAS) des Landesverbandes der Volkshochschulen Niedersachsens (LVN) als Tutor des DVV gearbeitet habe, antwortet Tietgens 1987: „Das ist schwierig, das genau zu fixieren. Und ich bin gespannt, was ich nächsten Montag in Lüneburg zu lesen bekomme. Da soll das nämlich alles dokumentiert sein. Lüneburg ist ja „vierzig Jahre im Landesverband" und

---

[30] Zeitzeugengespräch, S. 6 f., a. a. O.

ich soll da am Abend ein bisschen erzählen, wie ich das aus meiner Erinnerung sehe.[31]

Seine Hauptaufgaben als Leiter der PAS kennzeichnet er dann an gleicher Stelle wie folgt: „Das war zum einen das Ankurbeln der Mitarbeiterfortbildung, zum anderen sollte der ganzen Verbandsarbeit eine Art Profil gegeben werden. Die Situation war allerdings so, dass ich eigentlich neben dem Geschäftsführer arbeiten sollte, dieser dann aber ausschied und erst nach einer gewissen Zeit jemand kam, sodass ich auch zeitweilig als Geschäftsführer fungierte. Die Aufgaben waren auch nicht so eindeutig festgelegt. Es gehörte dazu, die Mitgliederversammlung vorzubereiten, nicht nur als Veranstaltung mit Regularien, sondern auch mit inhaltlicher Ausgestaltung. Da haben wir Leute wie Plessner oder Litt[32] geholt. Wolf Dietrich Rasch hat in Wolfenbüttel über Toleranz, über den

---

[31] Zeitzeugengespräch, S. 19, a. a. O. Eine an die örtliche Volkshochschule am 12.08.2011 gerichtete Anfrage nach dieser Veranstaltung und einer eventuell vorhandenen Niederschrift konnte von dort leider nur so beantwortet werden: „..., es ist wirklich so, dass viel Wissen verloren geht, wenn sich nicht die Protagonisten von damals erinnern. Ein systematisches Archiv mit den wichtigen Dokumenten existiert so nicht, ..." Ähnlich antworteten mehrere andere Volkshochschulen ebenfalls auf Anfrage.
Mit meinen Erinnerungen gelange ich leider nicht annähernd zu der Vermutung, dass es sich dabei um eine Veranstaltung der Volkshochschule oder des Landesverbandes handelte. In reichlich dunkeler Erinnerung ist mir aber immer geblieben, dass ich eine Niederschrift dazu gelesen habe, die ich entweder inhaltlich oder formal als sehr unbefriedigend empfand.

[32] Prof. Dr. Theodor Litt war am 23.06.1956 als Redner zur Mitgliederversammlung im Hotel Achtermann in Goslar eingeladen worden. Er sprach dort zum Thema „Der Gedanke der Menschenbildung in Ost und West." in Erinnerung ist mir, dass Hans Tietgens von dem Referat eine auffällig ausführliche Niederschrift gefertigt hat, die ich vor sicher mehr als 25 Jahren gelesen habe und die sich jetzt in den Verbandsakten des ibe der Uni Oldenburg befinden dürfte.

Geist des Orts Wolfenbüttel, also Lessing, gesprochen. Eine phantastische Sache, schade, dass da kein Tonband mitgelaufen ist. Oder die Leitertagung in Wilhelmshaven, wo – für mich jedenfalls – auch in meinem Vokabular – der entscheidende Schritt weg von der Massengesellschaft getan wurde. Die Veranstaltung war noch angekündigt unter dem Titel „Massengesellschaft und Bildungsaufgabe". Rene König war eingeladen als Referent, den hatte ich ausgesucht, weil er in Recklinghausen bei den Ruhrfestspielen ein ähnliches Thema gehabt und klargemacht hatte, dass das Reden von der Massengesellschaft so ja gar nicht stimmt. Dass es zum Teil eine Projektion von zurückgebliebenen Intellektuellen ist, um es einmal überspitzt zu sagen. Dann fand also diese Veranstaltung in Wilhelmshaven statt, und Rene König sagte ab, wegen Krankheit oder aus anderen Gründen. Da bin ich zu Hofstätter marschiert, der dort wohnte – da war ja noch die Hochschule, das Hochschuldorf Rüstersiel, die Professoren wohnten auch da, ich brauchte also nur ein paar Schritte zu gehen und war bei Hofstätter. Zu meiner Verblüffung erklärte er sich gleich bereit einzuspringen."[33]

Sozialversicherungspflichtig war HT im Landesverband tatsächlich vom 1. Februar 1956 bis 31. März 1958 beschäftigt. Die PAS war aufgrund einer Forderung der Leitertagung 1955 geschaffen worden. Kurz nach Beginn seiner Tätigkeit schied der mit dem Leiter der HVHS Göhrde, Dr. Fritz Borinski, seit der Zeit vor 1933 befreundete Geschäftsführer Erhard Heyder[34] zum 31.03.1956 auf eigenen Wunsch aus den Diensten des Landesverbandes.

---

[33] Zeitzeugengespräch, S. 20, a. a. O.
[34] Gemäß Rundschreiben des LVN Nr. 67 vom 31.03.1953 – Stadtarchiv Barsinghausen – wurde Heyder mit Wirkung zum 01.04. zum Geschäftsführer und Helmut Dolff zu dessen Stellvertreter eingestellt, Heyder hauptsächlich für die Wahrnehmung pädagogischer Aufgaben, Dolff für das Aufgabengebiet Verwaltung und Organisation.

Eine inhaltlich geschlossene Aufarbeitung dieser Zeit im LVN kann hier nicht erfolgen. Große Aktenbestände des Verbandes hatte ich bis 1993 in das Archiv für Erwachsenenbildung in Niedersachsen des Wolfgang-Schulenberg-Instituts der Gesellschaft für Bildungsforschung und Erwachsenenbildung an der Uni Oldenburg (ibe Uni Oldenburg) befördert, wo sie für die Findbücher großenteils noch nicht erschlossen sind. In den dem Deutschen Institut für Erwachsenenbildung (DIE) in Bonn zuletzt am 02.05.2011 u. a. übergebenen restlichen Altakten des LVN habe ich jedoch noch einige Schriften und Materialien zu Tietgens Arbeitszielen und Arbeitsweisen in der PAS entdeckt, die für die Spurensuche genutzt werden konnten. Bis zum Herbst 2011 konnten diese Quellen dann noch in einigen Punkten aus Beständen des ibe, des DIE und des Stadtarchivs Barsinghausen ergänzt werden.

Die Arbeitsspuren HTs im LVN dokumentieren insbesondere folgende von ihm verfasste und mir vorliegende Arbeitsberichte:[35]

1. *Ideologie und Wirklichkeit des Ostens*

2. *Jugendbildung in der Volkshochschule*

---

[35] Eine vollständigere oder gar vollständige Sammlung der Arbeitsberichte könnte aus Materialien „Landesverband der Volkshochschulen" zu gewinnen sein, die im Bestand 05 des Nachlasses von Wolfgang Schulenberg unter Ziffer 4.1 des Archivs für Erwachsenenbildung in Niedersachsen zwar aufgeführt werden, im zugehörigen Findbuch aber nicht verzeichnet sind. Diese Materialien beinhalten u. a. Schulenbergs Mitgliedschaft im Pädagogischen Ausschuss seit dessen Gründung im Jahre 1958. Im Bestand 01 Nachlass Dr. W. G. Fischer und 02 Nachlass Dietrich Kreikemeier würden sich ebenfalls entsprechende Recherchen anbieten.

3. *Psychologische Grundlagen der Erwachsenenbildung*[36]

4. *Die Volkshochschule in der modernen Gesellschaft*, 23 Seiten

Bericht über die Leiterkonferenz des Landesverbandes der Volkshochschulen Niedersachsens vom 28.9. bis 4.10.1956 im Hochschuldorf Wilhelmshaven-Rüstersiel, zusammengestellt nach Kurzprotokollen; die Referate im Einverständnis der Vortragenden.

Massengesellschaft und Bildungsaufgaben

Professor Dr. R. Hofstätter

Kulturelle Freiheit im modernen Staat

Hellmut Becker, Präsident des Deutschen Volkshochschulverbandes

Mitbürgerlich-politische Bildungsaufgaben der Landeszentrale für Heimatdienst

Walter Ebbighausen, Direktor der Landeszentrale

Berichte der Arbeitsgruppen:

Die Volkshochschule in ihrem Verhältnis zum Staat

Die Volkshochschule in der industriellen Konsumgesellschaft

Die Volkshochschule in einer Zeit ohne Bildungsideal

Berichte zu den von Arbeitsgruppen behandelten Sonderthemen:

Die Bedeutung der Seminarkurse für Volkshochschulen

Die Zukunft der Kreisvolkshochschulen

---

[36] Jahresbericht 1956/57; Stadtarchiv Barsinghausen

Die Zusammenarbeit mit Heimvolkshochschulen

Das Vertriebenenproblem in der Volkshochschule

Zur Vorbereitung dieser Tagung hatte HT Arbeitsblätter aus literarischen Quellen zusammengestellt, die den drei Arbeitsgruppen als Diskussionsgrundlagen dienen sollten. Jedem Arbeitsblatt wurden auch Fragen und Diskussionspunkte beigefügt. Die Arbeitsblätter „konzentrieren sich auf die praktische Bedeutung des Begriffs der Freiheit in der Erwachsenenbildung, ferner auf die Probleme, die sich aufgrund spezifischer Erscheinungen unserer industriellen Konsumwelt aufdrängen, sowie auf die Konsequenzen, die sich daraus ergeben, dass wir in einer Zeit leben, in der wir nicht von einem allgemeinverbindlichen Bildungsideal ausgehen können."

HT hat während seiner Tätigkeit als Geschäftsführer des SDS mehrfach den Ausbau der Sozialwissenschaften gefordert, z. B auch weil „deren Stand heute noch zu schwach ist zu einer kritischen Analyse der Gesellschaft". Im Bundesorgan des SDS USt, 1953, Nr. 6. S. 3 erschien auch ein ganzseitiger Artikel unter dem Titel „Das erste deutsche Hochschuldorf", in dem über das Studienziel lt. Satzung der damaligen Hochschule für Arbeit, Wirtschaft und Politik, über das Propädeutikum, die studentische und dörfliche Selbstverwaltung sowie über die vorhandenen studentischen Vereinigungen berichtet wurde. Wie die Wilhelmshavener Hochschule als Beispiel der angestrebten Hochschulreform 1952 im Focus des SDS stand, wurde bereits an den hauptsächlichen Forderungen der Ludwigsteiner Tagung deutlich, deren Teilnehmer auch HT war. Dies mögen wohl die Gründe gewesen sein, weshalb er eine Tagung der VHS-Leiter zu Beginn seiner Tätigkeit im Hochschuldorf Wilhelmshaven-Rüstersiel organisierte und ungewöhnlich intensiv vor- und nachbereitete.

Die vermutlich während der Leitertagung ungeplant entstandenen Arbeitsgruppen zu Sonderthemen erwähnt HT in seiner sehr umfangreichen Zusammenfassung, die, wie auch die Einleitung, eine Vorliebe für sozialwissenschaftliche Fragestellungen und Interpretationen erkennen lässt, am Ende des Berichts nicht. Der Arbeitsbericht informiert in der vorliegenden Fassung auch nicht über die Zahl der Teilnehmer aus Volkshochschulen und dem Hochschuldorf. Tietgens Tagungsbericht enthält auch keine Bewertung der Dauer der Leitertagung und ihres Erfolges, weder aus der Sicht der Teilnehmer noch der des Landesverbandes. Darin heißt es jedoch: „In der Abschlussdiskussion bei der Behandlung technisch-organisatorischer Fragen wurde nochmals darauf hingewiesen, Veranstaltungen des Landesverbandes an solche Orte zu legen, an denen eine angemessene Unterbringung garantiert ist." Dies könnte darauf hindeuten, dass man mit der hauptsächlichen Unterbringung in Zweibettzimmern in den Baracken des Hochschuldorfes und deren jeweils gemeinschaftlichem Waschraum nicht zufrieden war.[37]

5. Arbeitsbericht[38]: *Mitteldeutschland im Spannungsfeld zwischen West und Ost*

Bericht über das Mitarbeiterfortbildungsseminar des Landesverbandes der Volkshochschulen Niedersachsens vom 20. bis 25.11.1956 im „Haus der Zukunft", Berlin – Grunewald, 15 Seiten; zusammengestellt nach Aufzeichnungen des Leiters der Pädagogischen Arbeitsstelle. [Der Bericht enthält in der vorliegenden Fassung keine Teilnehmerliste und ist ohne Bemerkungen zum Verlauf der Fortbildungsveranstaltung gefertigt worden. Er hebt in der Zusammenfassung des Tagungsverlaufs auf Seite 15 lediglich mit diesem einen Satz auf

---

[37] An dem öffentlichen Teil dieser Tagung habe ich 1956 teilgenommen. Ich besuchte zu der Zeit das Propädeutikum an der Hochschule für Sozialwissenschaften und wohnte im Hochschuldorf im Haus 31 direkt neben dem Hörsaalgebäude, in dem die Veranstaltung stattfand. Erinnern kann ich mich aber lediglich noch an den Auftritt von Hellmut Becker, die Beteiligung von Hofstätter und daran, dass Dr. Hermann Bollnow die Teilnahme an der Veranstaltung empfohlen hatte, die unter Beteiligung von Studenten und Professoren bei schönem Herbstwetter stattfand.

[38] Archiv des DIE, LOT601

Beiträge der Teilnehmer ab: „In der Diskussion zu den Referaten ist öfter kritisch vermerkt worden, dass nur von Tatsa-
chen berichtet, weniger aber auf die Motive eingegangen
worden sei, die dazu geführt hätten" und nimmt anschließend
sogleich wieder eine seminaristisch lehrhafte Gestalt an.]

6. Arbeitsbericht: *Jugendbildung in der Volkshochschule II*

   Bericht über die Mitarbeiterfortbildungsveranstaltung vom
   23. bis 25.05.1957, 9 Seiten In dem dem Bericht vorangestell-
   ten Inhaltsverzeichnis ist die Teilnehmerliste ein Gliede-
   rungspunkt. Einer der 38 Teilnehmer ist Oberregierungsrat
   Heiner Lotze.

7. Arbeitsbericht: *Versuch einer Analyse der Programme der
   Volkshochschulen Niedersachsens 1954/55* [39]

   Die Analyse der Teilnehmerstatistik hatte u. a. zu der Erkenntnis geführt, dass der Anteil der VHS – Besucher im Alter
   bis zu 25 Jahren 55% betrug. Dies begründete die von der
   Landesregierung finanziell bevorzugt geförderte Mitarbeiterfortbildung auf der Basis von 4 der insgesamt 13 (z. T. nicht
   verfügbaren) Arbeitsberichte.

8. Arbeitsbericht: *Selbstverwaltung und politische Bildung*

   Zum 220. Geburtstag des Freiherrn vom Stein –, 13 Seiten

   Ein Datum einer Veranstaltung und Teilnehmerliste fehlen,
   aber HT erinnert sich an diese Veranstaltung noch insbesondere, „weil sie etwas absonderlich erschien; da habe ich versucht, Freiherr von Stein für die Erwachsenenbildung interessant zu machen, als Selbstverwaltungsmensch."[40]

---

[39] Lt. Auflistung Jahresbericht 1956/57; wurde vollständig in den Jahresbericht 1955/56 integriert.
[40] Zeitzeugengespräch, S. 21, a. a. O.

9. Arbeitsbericht: *Ansatz und Wirksamkeit der Erwachsenenbildung*,

Bericht über eine Mitarbeiterfortbildungsveranstaltung vom 12. bis 14. 09.1957 im Soziologischen Seminar Göttingen zur intensiven Auseinandersetzung mit den Ergebnissen der Hildesheim-Studie und Vorschlägen für die weitere Forschungsarbeit, 14 Seiten. Mit einer Einleitung und einem Schlusswort von HT, wonach der Bericht „in erster Linie nur Anregungen ... zu weiteren Diskussionen auf der Leitertagung und kommenden Mitarbeiterfortbildungsveranstaltungen" geben solle.

10. Arbeitsbericht: *Frauenarbeit in der Volkshochschule*, 13 Seiten mit Teilnehmerliste

Ein nach Notizen der Referentinnen Frau Klara Meyer und Frau Dr. Charlotte Ziegler von der VHS Hannover und Teilnehmerinnen zu einer Tagung in Bad Grund vom 02. bis 05. Oktober 1957 gefertigter Bericht mit einer Einleitung von HT, der lediglich an der Schlussbesprechung teilgenommen hatte.

Die Berichte der Referentinnen und Teilnehmerinnen dokumentieren den sehr ausgeprägt teilnehmerorientierten Veranstaltungsverlauf sehr ausführlich. Eine Anschlusstagung vom 1. bis 4. Oktober 1958 in Bodenwerder wird in einem nicht datierten „Bericht" aufgeführt.[41]

11. Arbeitsbericht: *Jugendbildung in der Volkshochschule III*

Kurzfassungen der Referate , die auf der III. Jugendbildungstagung in Salzgitter vom 12. bis 15.6.1958 gehalten wurden:

Dr. Hans Tietgens, Probleme der politischen Bildung

Karl-Heinz Kreter, Literatur in der Jugendvolkshochschule

---

[41] Archiv des DIE, LOT605

Georg Lührs, Die Methodik in der Jugendvolkshochschule

Der Bericht umfasst bei 14 Seiten, auch ein von HT auf zwei Seiten festgehaltenes „Schlussgespräch über die Methodik der Jugendbildung" und im Anhang die Liste der 27 Teilnehmer und ihrer Herkunftsorte.

13. Arbeitsbericht: *Jugendbildung in der Volkshochschule IV*

Referate einer – nicht datierten -– Jugendbildungstagung, der jedoch eine Liste mit den Namen und Herkunftsorten von 41 Teilnehmern angehängt ist.

Dr. Hans Tietgens, Was erwartet die Jugend von der Volkshochschule?

Praktische Möglichkeiten der Volkshochschule in der Jugendbildungsarbeit durch die Behandlung zeitgeschichtlicher Fragen:

Dr. Walter Mertineit, Nationalsozialismus

Dr. Walter Freiwald, Die Deutschlandfragen ab 1945

Dr. Hans Tietgens, Schlussgespräch

Im Herbst 1957 waren lt. Jahresbericht 1956/57 noch folgende Themen geplant:

1. *Literatur über und für die Erwachsenenbildung*

2. *Auseinandersetzung mit der Zeitgeschichte als Aufgabe der Volkshochschulen*

3. *Hinweise zu Auslands - Studienfahrten der Volkshochschulen*

4. *Volkshochschulen diesseits und jenseits der Zonengrenze*

5. *Beurteilung und Diskussion des Films in der Volkshochschule*

Zum gesamten Themenspektrum der Arbeitsberichte fanden 1956/57 insgesamt 27 Veranstaltungen für die Fortbildung der VHS-Mitarbeiter auf Landes- und Bezirksebene, für Teilbezirke,

Kreise und einzelne Orte statt, deren Finanzierung hauptsächlich aus requirierten Mitteln der Niedersächsischen Landeszentrale für Heimatdienst, Bundeszentrale für Heimatdienst, des Bundesministeriums für Gesamtdeutsche Fragen, Büro Bonner Berichte, des Landesjugendringes und der Landesregierung sichergestellt werden musste.

Wie entschieden sich HT auch in dieser Phase seines Berufslebens deutschlandpolitischen Aufgabenstellungen verpflichtet sieht, ist durch die Fortbildungsveranstaltung *Mitteldeutschland im Spannungsfeld zwischen West und Ost* vom 20. bis 25.11.1956 im „Haus der Zukunft", Berlin – Grunewald belegt sowie durch einzelne Themen Mitarbeiterfortbildung wie *Ideologie und Wirklichkeit des Ostens – Das Vertriebenenproblem in der Volkshochschule – Die Deutschlandfragen ab 1945 – Auseinandersetzung mit der Zeitgeschichte als Aufgabe der Volkshochschulen – Volkshochschulen diesseits und jenseits der Zonengrenze.*

Nach dem Ausscheiden des Geschäftsführers Heyder hatte Hans Tietgens bereits zu Beginn seiner Tätigkeit im Landesverband auch als Geschäftsführer des Verbandes fungiert, bis Wolfgang Wiedenroth am 10. Juni 1956 in dieser Funktion tätig wurde. Als dieser zum 31.03.1957 ausschied und als Geschäftsführer zum Niedersächsischen Bund für freie Erwachsenenbildung wechselte,[42] übernahm HT vorübergehend wiederum für zwei Monate auch alle Aufgaben der Geschäftsführung, musste Sitzungen verbandlicher Gremien vorbereiten und protokollieren, Verwaltungsabläufe organisieren und koordinieren, Rundschreiben verfassen, die Ausschreibung für die Stelle des Geschäftsführers konzipieren, Bewerbungsunterlagen sichten, für die kompetente Vorauswahl sorgen und zwecks Entscheidung durch den Vorstand

---

[42] Wolfgang Wiedenroth übernahm dann am 01.04.1961 Leitungsaufgaben in der Carl Duisberg - Gesellschaft, ab 01.04.1964 halbtags und ab 01.04.1971 ganztags die Leitung der Volkshochschule Mainz.

dazu vortragen etc.[43] So hatte er auch die zu den Mitgliederversammlungen zu liefernden Jahresberichte 1955/56[44] und 1956/57[45] zu verfassen. Diese Berichte erstrecken sich wie damals üblich auf die Zeit vom 01. 04. bis 31.03. des folgenden Jahres. Sie enthalten u. a. eine detaillierte und kommentierte Auswertung der ab 1954 verwandten VHS-Berichtsbogen, die vom DVV in Abstimmung mit den Landesgeschäftsführern und „in Zusammenarbeit mit dem Deutschen Städtetag und dem Statistischen Bundesamt"[46] neu entwickelt worden waren.[47]

Ein nicht bezifferter zweiseitiger *Arbeitsbericht* mit Informationen zu organisatorischen Bereichen und zu Veranstaltungen der Mitarbeiterfortbildung ist auf den 27. Juli 1957 datiert und sowohl von dem Leiter der PAS als von dem von dem seit dem 1. Juni 1957 vorhandenen Geschäftsführer Gerhard Wicke unterzeichnet, was eventuell auf einen wieder geänderten Geschäftsverteilungsplan schließen lässt.

Welche Wirksamkeit die Aktivitäten der Pädagogischen Arbeitsstelle unmittelbar auf die Struktur und Qualität der Bildungsveranstaltungen der Volkshochschule erlangte, ist anhand einer Arbeitsplanauswertung der Volkshochschulen nicht belegt. Als ein

---

[43] Einer der 21 Bewerber ist auch Karl-Heinz Schlösser (der spätere Leiter der Volkshochschule in Hildesheim und Bremen). Ihm wurde lt. Protokoll zur Sitzung vom 6. Mai 1957 „mitgeteilt, dass der Vorstand einstimmig dafür sei, ihn als pädagogischen Assistenten zum 01.07.1957 anzustellen, falls durch die Tutorentätigkeit von Herrn Dr. Tietgens die Möglichkeit einer solchen Stelle gegeben ist."

[44] ibe Uni Oldenburg, Archivnr.: 6/16

[45] Stadtarchiv Barsinghausen

[46] Schreiben des stellvertretenden Geschäftsführers des LVN, Helmut Dolff, vom 30.03.1954, Stadtarchiv Barsinghausen

[47] Ob die Auswertung der Berichtsbögen zunächst von der Geschäftsstelle des DVV in Bonn oder sogleich durch die PAS in Frankfurt erfolgte, vermochte ich leider nicht zu klären. Eine erste Analyse der aus den neuen Berichtsbogen zu gewinnenden Daten scheint von HT für Niedersachsen und hier eventuell überhaupt erfolgt zu sein.

Indiz dafür könnten aber auch Zahl, Namens- und Ortslisten der Teilnehmer anzusehen sein, die leider nicht zu allen Berichten vorlagen, weil sie vielleicht während der Aktenverwaltung und/oder Archivierung abhandenkamen. Festzustellen ist, dass die Berichte mit Ausnahme der Frauenbildungstagung keinerlei Bewertungen zum Verlauf der Veranstaltungen aus der Sicht der Teilnehmer und des Veranstalters enthalten. Die große Zahl von 27 im Jahresbericht 1956/57 nachgewiesenen Veranstaltungen auf Landes- und Bezirksebene, für Teilbezirke, Kreisvolkshochschulen und einzelne Orte spricht allerdings sehr deutlich für das Fortbildungs- und Nutzungsinteresse der neben- und hauptberuflichen VHS-Mitarbeiter.

Ob die thematische Planung der Fortbildungsveranstaltungen in der alleinigen Zuständigkeit des Leiters der Pädagogischen Arbeitsstelle erfolgte oder im Zusammenwirken mit dem Vorstand, war aufgrund der zur Verfügung stehenden Quellen nicht zu klären. In sämtlichen Protokollen zu Vorstandssitzungen, an denen HT in der Zeit vom 13.06.1956 bis 10.03.1958 beteiligt war, befindet sich außer geplanten und durchgeführten Fortbildungsveranstaltungen mit Themen und Terminen kein Hinweis auf einen derartigen Beratungsvorgang.[48]

---

[48] Es handelt sich um folgende Protokolle
1. 13.06.1956 in Hannover, Königstraße 11
2. 19.06.1956 in Hannover, Marienstraße 11
3. 22.06.1956 in Goslar, Hotel Achtermann
4. 22.08.1956 in Hannover, Königstraße 1
5. 06.05.1956 in Hannover Königstraße 11
6. 05.11.1956 in der Kreisverwaltung Hannover, Höltystraße 17
7. 09.08.1957 in Wolfenbüttel
8. 11./12. 1957 in Hannover, Haus der Jugend
9. 27.01.1958 in Hannover
10. 03.03.1958 in der Volkshochschule Hannover

Unter Mitarbeit von Hans Tietgens erscheint nach dessen Ausscheiden aus dem Verband um die Jahreswende 1958/59 eine 20seitige Broschüre VOLKSHOCHSCHULARBEIT NIEDERSACHSEN[49] des Verbandes. Darin wird mit folgender Gliederung über Leistung und Bedeutung der Volkshochschularbeit in Niedersachsen informiert und für deren weitere Entwicklung geworben: *Die ersten Arbeitsjahre – Der Vorstand – Die Organisation – Die Pädagogische Arbeit des Landesverbandes:* Mitarbeiterfortbildung - Frauenarbeit an Volkshochschulen - Die Jugendbildung – *Probleme der Niedersächsischen Volkshochschulen* In den Großstädten - In der Mittel- und Kleinstadt - Erwachsenenbildung auf dem Lande – *Die Hörer - Die Lehrer – Unsere Raumnot – Wege der Zusammenarbeit:* Allgemeiner Überblick – Volkshochschulen und Hochschulen - Volkshochschulen und Büchereiwesen - Volkshochschulen und Gemeinden.

Zur Pädagogischen Arbeit heißt es darin auf Seite 8: *„Die Ausweitung der pädagogischen Arbeit, das Anwachsen der organisatorischen und schulpolitischen Verpflichtungen innerhalb des Vorstandes und schließlich das Ausscheiden des pädagogischen Leiters haben den Vorstand des Landesverbandes veranlasst, einen pädagogischen Ausschuss zu gründen. Im Mai 1958 traten berufene haupt- und nebenamtliche Volkshochschulleiter und Vertreter der Lehrkörper der Pädagogischen Hochschulen zur ersten Sitzung zusammen und erarbeiteten die Aufgaben des neuen pädagogischen Ausschusses.*[50]

1. *Die Beratung des Vorstandes in pädagogischen und methodischen Fragen für die Fortführung und den Aufbau der Arbeit im Landesverband.*

---

[49] VOLKSHOCHSCHULARBEIT NIEDERSACHSEN, Heft DIN A4, LVN, .o. J; z. Zt. noch in meinem persönlichen Besitz.

[50] Bereits 1954 war ein Pädagogischer Ausschuss eingesetzt worden, über dessen Aktivitäten in keinen der nutzbaren Quellen berichtet wird.

2. *Vorschläge für die Durchführung und Gestaltung der Leitertagung und anderer Veranstaltungen auf Landesebene.*

3. *Vorschläge und Bereitstellung von Unterlagen für die Lehrtä-
tigkeit der Mitarbeiter (Fachliteratur und andere Arbeitsmit-
tel).*

4. *Behandlung von Grundsatzfragen der Erwachsenenbildung mit
dem Ziel, die Ergebnisse dem Vorstand und dem Landesverband, dem pädagogischen Ausschuss und der pädagogischen
Arbeitsstelle des Deutschen Volkshochschulverbandes und den
pädagogischen Ausschüssen der anderen Landesverbände zur
Verfügung zu stellen."*[51]

Damit wird durch den Ausschuss unmittelbar nach Ausscheiden des Leiters der PAS dessen Stelle ersetzt und dem Ausschuss
auch nachdrücklich die Zusammenarbeit mit den Gremien des
DVV und der anderen Landesverbände aufgegeben.

Inhaltlich und strukturell sind große Teile der Broschüre auf
die Arbeitsberichte und Fortbildungsveranstaltungen von HT zu-
rückzuführen und zeigen deutlicher als es eventuell Arbeitsplan-
auswertungen vermocht hätten, dass die Volkshochschulen in ihrem Verband durch die Aktivitäten der Pädagogischen Arbeitsstelle in der knappen Zeit von nur gut zwei Jahren ein qualitativ
erweitertes und prägnanteres Aufgabenverständnis gefunden haben und damit nun auch öffentlich zu mehr Geltung drängen. Die
Fassung der Aufgaben des Pädagogischen Ausschusses *„Die Bera-*

---

[51] Mitglieder des Pädagogischen Ausschusses waren Schulrat August
Schaardt, KVHS Hoya - als Vorsitzender, Gerd Beier, VHS Wolfsburg,
Dr. Hans Boulboulle`, AuL, Dr. Karl-Heinz Brandes, KVHS Osterode,
Dr. Hermann Groothoff, PH Lüneburg, Manfred Heckenauer, AuL,
Schulrat Karl-Heinz Kreter, Heiner Lotze, Kultusministerium, Klara
Meyer, VHS Hannover, Dr. Walter Mertineit, VHS-Leiter Göttingen, Dr.
Günter Thilo, KVHS Bad Gandersheim, Dr. Wolfgang Schulenberg, PH
Oldenburg, Heinz Walter, VHS Braunschweig, Helmut Werner, KVHS
Helmstedt

tung des Vorstandes in pädagogischen und methodischen Fragen für die Fortführung und den Aufbau der Arbeit im Landesverband" belegt, dass auch die Aufgaben des Ausschusses in der Nachfolge der PAS auf die weitere Qualifizierung der innerverbandlichen Arbeit ausgerichtet sind und die landesweite Errichtung von Volkshochschulen zwecks besserer Versorgung der Bevölkerung hauptsächlich ländlicher Regionen mit Bildungsangeboten der VHSn nicht beinhaltete.

Im Unterschied zu den Darstellungen in den Jahresberichten 1955/56 und 1957/58, die sich mit der Auflistung der Volkshochschulen und einer temporären Analyse ihrer Leistungen begnügen, werden in dieser Broschüre Städte und Gemeinden nach Regierungsbezirken in Größenklassen gegliedert aufgeführt und ihnen die Zahl der durch Volkshochschulen versorgten Gemeinden gegenübergestellt. Dies sind danach nur 358 von insgesamt 4265 Gemeinden, also weit weniger als 10 %.[52] Zu berücksichtigen ist aber, dass Volkshochschulen in Niedersachsen nach 1945 hauptsächlich in Städten entstanden und daher der prozentuale Anteil der mit Bildungsangeboten der Volkshochschulen versorgten Bevölkerung Niedersachsens weit über dem prozentualen Anteil der insgesamt in Gemeinden vorhandenen Volkshochschulen liegt.

---

[52] Weil lt. VHS-Statistik auch nach Inkrafttreten der Erwachsenenbildungsgesetze in den siebziger Jahren z. B. lediglich eine Weiterbildungsdichte nach Zahl der Unterrichtseinheiten auf Länderebene bis zur Wiedervereinigung der BRD und DDR ermittelt wurde, erschien in der Statistik nie wieder die Zahl der in Niedersachsen, Bayern, Baden – Württemberg, und Schleswig-Holstein mit Volkshochschulen nicht oder nur nebenberuflich mit Weiterbildungsangeboten versorgten Gemeinden und Landkreise und blieb im DVV deshalb willentlich oder unwillentlich stets außerhalb jeder kritischen verbands- und bildungspolitischen Diskussion.

Da in der statistischen Übersicht und einer vorgeordneten Karte von Niedersachsen die damalige generelle niedersächsische Verwaltungsstruktur nach kreisfreien Städten und 60 Landkreisen aber völlig außer Acht bleibt, verfehlt auch der mithilfe der Broschüre wohl erhoffte Impuls für die weitere Förderung und Gründung von Volkshochschulen jegliche Wirkung, weil die Landkreise und Regionen als Adressaten für die Gründung und Versorgung mit Bildungsangeboten der Volkshochschulen nicht benannt werden. Obwohl die KVHS in ihrem Kern organisatorisch und institutionell nichts anderes als eine städtische Volkshochschule mit ihren Arbeitsstellen in den verschiedenen Stadtteilen und Unterrichtsorten ist, wird sie – weil dafür aus der Weimarer Zeit ein tradiertes Organisations-, Verständnis- und Handlungsmuster fehlt? – scheinbar mehr als Fremdkörper in einem lokal auf Gemeindeebene verankerten Aufgabenverständnis von Volkshochschule wahrgenommen. So setzt auch HT in dem von ihm verfassten Jahresbericht 1955/56 die „Kreisvolkshochschule" wie die Bildungsvereinigung „Arbeit und Leben" und die „Ländliche Erwachsenenbildung" gleichermaßen in Anführungszeichen. Die danach folgende recht umfängliche und institutionell reichlich normenlos anmutende Beschreibung der Aufgaben und Organisation einer Kreisvolkshochschule gipfelt in Vorstellungen und Interpretationen wie diesen, die den Kreistagen und Kreisverwaltungen kein institutionelles Leitbild für deren Errichtung und Finanzierung liefern: „Die Kreisvolkshochschule stellt eine gemeinsame Geschäftsführung für die Volkshochschulen selbst, für „Arbeit und Leben" und für die „Ländliche Erwachsenenbildung"[53] sicher. Sie kann darüber hinaus weitere Einrichtungen der

---

[53] Da die gewerkschaftliche Bildungsvereinigung AuL politisch der SPD zugerechnet wurde, konnten mit der auf Betreiben der Ministerialbeamten Lotze und Alfken gegründeten und vom Landvolk getragenen LEB parteipolitische Interessen aus dem CDU-Lager bedient werden. Weder die für die Erwachsenenbildung zuständigen Ministerialbeamten noch die Bildungspolitiker des Niedersächsischen Landtages und der Parteien ha-

Volkshochschularbeit, wie z. B. Filmdienst, Jugendvolkshochschule und Theaterarbeit in ihre Organisation aufnehmen, ...

Die Kreisvolkshochschule hat Gelegenheit, alle ihre Arbeitsformen – angefangen von der Arbeitsgemeinschaft über den Lehrgang, die Vortragsreihe bis zur Einzelveranstaltung – auch im kleinsten Ort durchzuführen, weil ihr die besseren Hilfsmittel für die Unterstützung einer derartigen Arbeit (Filmgeräte, Kraftwagen, Rednereinsatz usw.) zur Verfügung stehen....

Wenn wir immer wieder eine freie Erwachsenenbildungsarbeit im Gegensatz zu einer gebundenen Erwachsenenbildung fordern, so stellt die Kreisvolkshochschule die beste Gewähr dafür."

Im Arbeitsjahr 1956/57 fanden dann z. Zt. der Geschäftsführung von Wolfgang Wiedenroth Gespräche mit dem Niedersächsischen Landkreistag statt, über die es im Jahresbericht von HAT wie folgt heißt: „Als einen besonderen Fortschritt erwiesen sich die Gespräche mit Vertretern des Niedersächsischen Landkreistages. Sie fanden ihren Niederschlag in ... einer „Erklärung zur Kulturarbeit in den niedersächsischen Landkreisen... Die ungünstige Finanzlage der Kreise und Gemeinden erlaubte es oft nicht, dass sich dieses Verständnis auf die Zahlen der Haushaltspläne auswirkte." Und an anderer Stelle heißt es ergänzend hierzu: „Gegenüber der Stärkung des Kontaktes zu den bestehenden Volkshochschulen traten die Bemühungen um Neugründungen von Volkshochschulen zurück, da die Gesamtlage der Erwachsenenbildung

---

ben bildungspolitisch gewichtet, dass zu dieser Zeit in mehr als 90 % aller Gemeinden Niedersachsens keine Volkshochschulen existierten, deren Einwohner ja mehrheitlich weder Mitglieder der Gewerkschaften noch des Landvolkes waren und deshalb die flächendeckende Versorgung im Sinne sozialstaatlicher Zielsetzung durch Volkshochschulen geboten war. Selbst 1970 wurde das in Kraft gesetzte EBG noch von diesen parteipolitischen Interessensstrukturen geprägt.

in Niedersachsen eine weitere Ausdehnung nicht ratsam erscheinen ließ, ohne das Bestehende zu gefährden."[54]

Einige Gesichtspunkte zu HTs Tätigkeits- und Erfahrungsbilanz in der Erwachsenenbildung Niedersachsens

In den Jahren bis 1954 hatte Hans Tietgens als Kursleiter an der öffentlich-rechtlichen städtischen Volkshochschule Bonn und der Volkshochschule der Freien und Hansestadt Hamburg als Kursleiter mitgearbeitet. Während der Tätigkeit an der HVHS Hustedt hatte er Einsichten in das Gefüge einer privatrechtlichen Einrichtung der Erwachsenenbildung erlangt, während sich ab 1956 seine Aufgabenstellung im Landesverband des Flächenstaates Niedersachsen nun auf 126 Volkshochschulen unterschiedlicher Größe, Rechtsträgerschaft, Organisation erstreckte, die zu mehr als 90 % nebenberuflich geleitet wurden. Neben den Volkshochschulen waren hier die aufgrund ministerieller Initiativen etablierte und privilegiert geförderte Bildungsvereinigung AuL und die LEB tätig, infolge ministerieller Vorgaben zusammen im Niedersächsischen Bund für freie Erwachsenenbildung vereinigt und deren leitende Mitarbeiter in Hannover in der Marienstraße 11 mit Hans Tietgens Tür an Tür tätig., was ihm sicher zu vielerlei Erfahrungen im Organisations- und Politikfeld der Erwachsenenbildung diente, jedoch nie Anlass zu einem späteren kritischen Rückblick war.

Zur Finanzierung der Mitarbeiterfortbildung mussten von ihm Fremdmittel aus verschiedenen Stellen in Bund und Land beschafft werden. Es gelang ihm insofern in kurzer Zeit überzeugend, die Mitarbeiterfortbildung anzukurbeln und der ganzen Verbandsarbeit eine Art Profil zu geben.

---

[54] Da die Erklärung dem Rundschreiben nicht mehr beilag und sie im Archiv des Niedersächsischen Landkreistages auch nicht zu entdecken war, bleiben die mit der Erklärung verbundenen Zielsetzungen leider auch im Dunkel der Geschichte.

Im Zusammenhang mit der Hildesheim-Studie und seiner Analyse der VHS-Besucherdaten nach dem statistischen Berichtsbogens des DVV von 1954 und daraus abgeleiteter Erfordernisse der Mitarbeiterfortbildung hat Hans Tietgens die Bedeutung der von ihm schon zu SDS-Zeiten propagierten gesamtgesellschaftlich erforderlichen Sozialforschung berufspraktisch relevant unter Beweis stellen und erleben können.

Die KVHS hat Tietgens hauptsächlich als Abrechnungs- und Finanzierungsstelle für einzelne Volkshochschulen, für AuL und die LEB in einem Landkreis angesehen und keinerlei Versuche unternommen, für eine flächendeckende Versorgung der Gemeinden Niedersachsens mit Volkshochschulen zu plädieren, wie er vergleichweise im SDS für deutschlandweite Hochschul- und Gesellschaftsreformen nachdrücklich und eindrucksvoll gestritten hat. Im Jahresbericht 1956/57 formuliert er vielmehr wie folgt. „Es wurde bewusst nur an Aufgaben herangegangen, deren Bewältigung im Rahmen der Möglichkeiten möglich erschien, denn es ist nach allen Erfahrungen nicht sinnvoll, etwas anzufangen, was nicht zu Ende geführt werden kann." Leuchtet darin der Erfahrungshintergrund des SDS-Bundessekretärs auf, der geradezu enthusiastisch für deutschlandweite Gesellschafts- und Bildungsreformen gestritten hatte?

Nachdem HT zum 31.März 1958 aus der Stelle des Leiters der PAS ausschied – die jährlich anstehende Mitgliederversammlung in Osnabrück und die Leitertagung in der Göhrde aber noch abschließend geplant hatte – kam es bereits im Mai zur konstituierenden Sitzung eines Pädagogischen Ausschusses zwecks Ersatz seiner Stelle. Die PAS war folglich nur eine Episode in der Geschichte des Landesverbandes[55], während der dem Vorstand und

---

[55] Unterstellt, dass auch Helmut Dolff bei seinen sehr engen Verbindungen nach Niedersachsen diese Vorgänge nachhaltig zur Kenntnis gelangten, drängt sich in der historischen Rückschau doch die Überlegung auf, ob das in Niedersachsen so abrupt wieder außer Kraft ge-

der Geschäftsführung beigeordnete Pädagogische Ausschuss lt. Satzung bis zum Jahre 2006 existierte.[56]

Paul Steinmetz hatte Leistungen und Fähigkeiten HTs in dessen Zeugnis u. a. so bewertet, was hier nochmals hervorgehoben werden soll: „Der Eindruck von Leistung kann dahingehend zusammengefasst werden, dass Herr Tietgens einem starken pädagogischen und politischen Impuls heraus erwachsenenbildnerisch tätig ist und dass seine Fähigkeiten eher auf die Dauerverwendung in einer Tätigkeit hinweisen, die organisatorische und pädagogische Arbeit vereinigt als auf die eines Lehrers an einer Heimvolkshochschule."

HT hat die Chance aber nicht wahrgenommen, sich während der Vakanzen der Stelle des Geschäftsführers auch um diese Position zu bewerben, „die organisatorische und pädagogische Arbeit vereinigt" [hätte], obwohl er am 11.2.1954 u. a. auch schrieb, dass er seines Erachtens für das Organisatorische und Pädagogische „die gleich guten und schlechten Fähigkeiten" besitze. Auch in seiner bereits erwähnten Mitarbeit an dem Heft VOLKSHOCH-SCHULARBEIT NIEDERSACHSEN zeigt er dem Volkshochschul-Verband nicht „die größeren Wirkungsmöglichkeiten im Sinne

---

[56] setzte verbandliche Geschäftsmodell auch das Dienstleistungsverständnis des DVV tangiert haben könnte, die Geschäftsstelle in Bonn und die PAS in Frankfurt getrennt und in voneinander weit entfernten Standorten zu betreiben.
Wolfgang Schulenberg blieb Mitglied des Ausschusses bis zu seinem Tode im Jahre 1985. Im zeitweiligen Wechsel nahmen er und Willy Strzelewicz auch das Amt des Vorsitzenden .von 1964 bis 1973 (?) wahr. Strzelewicz blieb ebenso aktives Mitglied des Ausschusses bis zu seinem Tode im Jahre 1986. Zehn Jahre nach Errichtung des Pädagogischen Ausschusses wurde 1968 die Stelle eines der Geschäftsführung beigeordneten Pädagogischen Assistenten geschaffen. Diese Stelle ist dann nach 1970 in dem Pool der bis zu einem Dutzend angewachsenen und aus Landes- und Projektmitteln finanzierten Stellen für pädagogische Mitarbeiter aufgegangen.

einer Einwirkung auf, dessen Umwelt"[57] durch politische Initiativen zur Gründung und Entwicklung eines Systems von Volkshochschulen in Niedersachsen zu gestalten.

Über die Gründe, weshalb sich HT Anfang 1958 entschied, hauptberuflich in die Stelle des Bundestutors der Jugendreferenten für politische Bildung des DVV zu wechseln, deren Aufgaben er schon seit Juli 1957 nebenberuflich wahrnahm, lässt sich nur spekulieren. Es mögen familiäre, finanzielle oder Erwägungen gewesen sein, auf diese Weise auf Distanz zum niedersächsischen Erwachsenenbildungsgeflecht gelangen zu können und/oder überhaupt noch verbandsferner und unabhängiger über Zeit und Inhalte der eigenen Arbeit als ‚ein Skribent von Natur her'[58] – wie er sich im Zeitzeugengespräch 1987 selbst definierte – verfügen zu können. Einer Einarbeitungs- und Eingewöhnungszeit bedurfte es somit auch weder für die hauptberufliche Tutorentätigkeit noch für den späteren Eintritt in die Stelle des Leiters der PAS des DVV im Jahre 1960, denn Tietgens war bereits seit 1957 Mitglied des Pädagogischen Ausschusses des DVV, mit Willy Strzelewicz als dem Leiter der PAS wie mit Helmut Dolff als dem Geschäftsführer und Hellmuth Becker als dem Präsidenten des DVV seit Jahren ebenso vertraut wie mit der Praxis der Volkshochschulen und ihrer Verbände durch seine Tätigkeit im Volks- und Heimvolkshochschulbereich Niedersachsens.

HTs Kontakte zum SDS hatten nicht nur die Hustedter Zeit überdauert[59], denn am 11./12 Februar 1956, als er bereits in den

---

[57] HT gebraucht diesen Begriff in allen für diesen Artikel verwandten spezifischen Quellen dem Wortsinne nach durchgängig als Ausgangssituation der politischen Bildung für soziales und politisches Verständnis und Handeln.

[58] Eva Tietgens bemerkte hierzu in einem Telefongespräch um die Jahreswende 2010/2011, dass er in derFrankfurter Eyssenecker Straße als Leiter der Pädagogischen Arbeitsstelle angelangt hier nun beruflich erstmals rundherum zufrieden gewesen sei.

[59] Vgl. Fußnote 8

Diensten des Landesverbandes stand, beschloss der Vorstand des SDS unter dem Vorsitz von Johannes Reinhold, dass zum IV. Deutschen Studententag als einem der hochschulpolitischen Höhepunkte des SDS einige ehemalige Funktionsträger angemeldet werden sollten: „Fichtner, Lohmar, Arndt, Tietgens ..."[60] In den dafür vom SDS für seine Delegierten entwickelten und weiter oben skizzierten Arbeitspapier sind noch sehr deutlich die thematischen Spuren seiner publizistischen und rhetorischen Aktivitäten als Bundessekretär des SDS zu erkennen. Ob HT schließlich auch an dem Studententag teilgenommen hat, blieb hier ungeklärt.

Während seiner hauptberuflichen Tätigkeit im SDS, der HVHS Hustedt und im Landesverband der Volkshochschulen Niedersachsens und unmittelbar danach bis 1959 sind in *Gewerkschaftliche Monatshefte, der Kulturarbeit, Die neue Gesellschaft, Gesellschaft, Staat, Erziehung, Deutsche Jugend, Volkshochschule im Westen* eine Reihe von Beiträgen zur Poltischen Bildung von Hans Tietgens erschienen, die in der Bibliographie von Johannes Reuter aus den Beständen der DIE-Bibliothek im Oktober 2010 näher verzeichnet sind. Sie markieren m. E. weitere Spuren auf seinem Wege vor Eintritt in die Pädagogische Arbeitsstelle des Deutschen Volkshochschulverbandes.

Eva und Hans Tietgens konnten in Hannover ihre erste gemeinsame Wohnung beziehen. Nachdem HT im Dezember 1960 als Nachfolger von Willy Strzelewicz Leiter der PAS des DVV wurde, ist Eschborn Wohnort der um den Sohn Hanno und die Tochter Corinna[61] angewachsenen Familie geworden.

---

[60] Willy Albrecht, Der ... (SDS), Bonn 1994, S. 235

[61] Eva Tietgens schrieb im Zusammenhang mit HTs Stellung zur Wiederbewaffnung am 12.11.2010: „Meinem Kinderwunsch hat er wohl nur zugestimmt, um mich zu halten, denn „In diese Welt setzt man keine Kinder!"Als ich ziemlich unglücklich war, als die Tochter mit 15 eine in meinen Augen rabiate Christin wurde, tröstete er: „Besser Jesuine als Jusoine." Da hatte er aber eine beachtliche Entwicklung hinter sich gebracht."

Ob Hans Tietgens seinen lt. Jahresbericht 1955/56 in der Marienstraße 11 erlangten eigenen Büroraum[62] auch während der Tutorentätigkeit des DVV bis 1960 nutzen konnte oder seine Tätigkeit von der Familienwohnung in Hannover aus wahrnahm, lässt sich eventuell im Archiv des DIE im Titelverzeichnis des Nachlasses von Hellmut Becker und im Bestand der Geschäftsstelle des DVV 1948-1964 zu den Signaturen lt. Online-Findbuch:

http://www.die-bonn.de/Weiterbildung/Archive/Nachlaesse/
archiv_findbuch_%20dvv.pdf

klären.

---

[62] Im Jahresbericht 1955/56 beschreibt HT dies wie folgt: „Im Sinne der Empfehlung der Leitertagung des Landesverbandes wurde zum 1.2.1956 Herr Dr. Hans Tietgens als Leiter der Pädagogischen Arbeitsstelle beim Landesverband angestellt. Da der Niedersächsische Bund für freie Erwachsenenbildung Mitte Februar einen eigenen Raum im 4. Stock des Bayerhauses [Hannover, Marienstraße 11] bezog, war damit auch ein Arbeitsraum für Dr. Tietgens gegeben." Diesen „eigenen Raum im 4. Stock" bezog Helmuth Dolff. Er war seit 1953 stellvertretender Geschäftsführer des LVN und seit Gründung des Niedersächsischen Bundes im Jahre 1954 auch als dessen Geschäftsführer tätig. Zeitgleich mit der Wahl von Hellmuth Becker zum Präsidenten des DVV im Mai 1956 trat Dolff in die Geschäftsführung des DVV als Nachfolger von Walter Ebbighausen ein, der Direktor der Niedersächsischen Landeszentrale für Heimatdienst in Hannover wurde, noch Jahrzehnte danach nebenberuflich als Auslandsreferent des DVV fungierte und in Niedersachsen fortan Veranstaltungen und Auslandsreisen zur Fortbildung von Erwachsenenbildnern aus dem Haushalt der Landeszentrale planen, finanzieren und organisieren konnte, z. B auch eine Studienreise zu österreichischen Volkshochschulen, an der Dr. Hans Tietgens lt. nicht beziffertem Arbeitsbericht vom 26. Juli 1957 teilnahm.

Anhang zu Teil I und II

Verzeichnis der benutzten Archive

Archiv der Stadt Barsinghausen

Archiv des Niedersächsischen Landkreistages

Archiv des Landkreises Celle

Archiv der Stadt Wilhelmshaven

Deutsches Institut für Erwachsenenbildung, Bonn

Friedrich Ebert Stiftung, Bonn

Archiv für Erwachsenenbildung in Niedersachsen des Instituts für Bildungsforschung und Erwachsenenbildung, Uni Oldenburg

Universitätsarchiv Bonn

Universitätsarchiv Münster

Abkürzungsverzeichnis

ASTA Allgemeiner Studentenausschuss
AuL Bildungsvereinigung Arbeit und Leben
DIE Deutsches Institut für Erwachsenenbildung
DGB Deutscher Gewerkschaftsbund
DVV Deutscher Volkshochschulverband
HT Hans Tietgens
HVHS Heimvolkshochschule
ibe Institut für Bildungsforschung und Erwachsenenbildung
NSDStB Nationalsozialistischer Deutscher Studentenbund ibe Institut für Bildungsforschung und Erwachsenenbildung
KVHS Kreisvolkshochschule
LEB Ländliche Erwachsenenbildung
LVN Landesverband der Volkshochschulen Niedersachsens
MdB Mitglied des Bundestages
PAS Pädagogische Arbeitsstelle
PH Pädagogische Hochschule
RAD Reichsarbeitsdienst
RCDS Ring Christlich-Demokratischer Studenten
RM Reichsmark
SDS Sozialistischer Deutscher Studentenbund
SPD Sozialdemokratische Partei Deutschlands
USt Unser Standpunkt
VHS Volkshochschule
SDS Sozialistischer Deutscher Studentenbund

Autoren

Heino Kebschull

1930	Geboren in Klein Nossin, Kreis Stolp
1936–1944	Volksschule
1944/1945	Lehrerbildungsanstalt Köslin
1945	Flucht
1945–1955	Knecht, Bergmann, Fabrikarbeiter
1948–1955	Volkshochschulbesuch in Gartow und Gelsenkirchen
1955–1959	Propädeutikum an der Hochschule f. Sozialwissenschaften in Wilhelmshaven, Hochschule für Wirtschaft und Politik in Hamburg; Dipl.-Betriebswirt
1960–1962	Lehrer an der Heimvolkshochschule Aurich
1962–1970	Leiter der Volkshochschule Leer, Ostfriesland
1970–1993	Direktor des Landesverbandes der Volkshochschulen Niedersachsens

Johannes Weinberg

1932	Geboren in Potsdam
1939–1952	Schulzeit
1952–1962	Geisteswissenschaftliches Studium
1962	Promotion
1962–1971	Wissenschaftlicher Mitarbeiter beim Hessischen und Deutschen Volkshochschulverband
1971–1997	Professor für Erwachsenenbildung/außerschulische Jugendbildung in Münster

www.tredition.de

Über tredition

EIN EIGENES BUCH VERÖFFENTLICHEN

tredition wurde 2006 in Hamburg gegründet. Seitdem hat tredition mehrere tausend Buchtitel veröffentlicht. Autoren veröffentlichen in wenigen leichten Schritten gedruckte Bücher, e-Books und audio-Books. tredition hat das Ziel, die beste und fairste Veröffentlichungsmöglichkeit für Autoren zu bieten.

tredition wurde mit der Erkenntnis gegründet, dass nur etwa jedes 200. bei Verlagen eingereichte Manuskript veröffentlicht wird. Dabei hat jedes Buch seinen Markt, also seine Leser. tredition sorgt dafür, dass für jedes Buch die Leserschaft auch erreicht wird.

Im einzigartigen Literatur-Netzwerk von tredition bieten zahlreiche Literatur-Partner (das sind Lektoren, Übersetzer, Hörbuchsprecher und Illustratoren) ihre Dienstleistung an, um Manuskripte zu verbessern oder die Vielfalt zu erhöhen. Autoren vereinbaren direkt mit den Literatur-Partnern die Konditionen ihrer Zusammenarbeit und partizipieren gemeinsam am Erfolg des Buches.

Das gesamte Verlagsprogramm von tredition ist bei allen stationären Buchhandlungen und Online-Buchhändlern wie z. B. Amazon erhältlich. e-Books stehen bei den führenden Online-Portalen (z. B. iBookstore von Apple oder Kindle von Amazon) zum Verkauf.

Jetzt ein Buch veröffentlichen: **www.tredition.de**

EINE BUCHREIHE ODER VERLAG GRÜNDEN

Seit 2009 bietet tredition sein Verlagskonzept auch als sogenanntes „White-Label" an. Das bedeutet, dass andere Personen oder Institutionen risikofrei und unkompliziert selbst zum Herausgeber von Büchern und Buchreihen unter eigener Marke werden können. tredition übernimmt dabei das komplette Herstellungs- und Distributionsrisiko.

Zahlreiche Zeitschriften-, Zeitungs- und Buchverlage, Universitäten, Forschungseinrichtungen, u.v.m. nutzen diese Dienstleistung von tredition, um unter eigener Marke ohne Risiko Bücher zu verlegen.

Alle Informationen im Internet: **www.tredition.de/Buchverlage**

tredition wurde mit mehreren Innovationspreisen ausgezeichnet, u. a. Webfuture Award und Innovationspreis der Buch-Digitale.

tredition ist Mitglied im Börsenverein des Deutschen Buchhandels.

FSC
www.fsc.org
MIX
Papier | Fördert
gute Waldnutzung
FSC® C083411

Zeitfracht Medien GmbH
Ferdinand-Jühlke-Straße 7
99095 Erfurt, Deutschland
produktsicherheit@kolibri360.de